Izabela Galus

Schulische Integration der minderjährigen Flüchtlinge in Thüringen

Daten, Hürden, Projekte

2014

Bibliografische Information der Deutschen Nationalbibliothek:

Die Deutsche Nationalbibliothek verzeichnet diese Publikation in der Deutschen Nationalbibliografie; detaillierte bibliografische Daten sind im Internet über http://dnb.d-nb.de abrufbar.

Impressum:

Copyright © 2016 Studylab

Ein Imprint der GRIN Verlag, Open Publishing GmbH

Druck und Bindung: Books on Demand GmbH, Norderstedt, Germany

Coverbild: ei8htz

Inhaltsverzeichnis

1 Einleitung

In dieser Arbeit möchte ich mich dem Thema der schulischen Integration der jugendlichen Flüchtlinge, die der allgemeinen Schulpflicht nicht mehr unterliegen, in Thüringen widmen. Der fehlende Schulabschluss oder deren Nachweisbarkeit stellen eine Hürde für die berufliche Integration dar. Die Integration in den Arbeitsmarkt durch eine Ausbildung ist für die Flüchtlinge sehr wichtig, da dies eine Voraussetzung für einen langfristigen Aufenthalt in Deutschland sein kann (Bundesministerium für Arbeit und Soziales b 2013,10). Regulär geht einer Berufsausbildung ein Abschluss der allgemeinbildenden Schule voraus (Will 2013, 98). Die Hauptschwierigkeit besteht darin, dass das staatliche Schulsystem für die jugendlichen Flüchtlinge, die erst ab dem 16. Lebensjahr nach Deutschland kommen, wenig Möglichkeiten bietet, ihren Schulabschluss nachzuholen und somit ihr Recht auf Bildung umzusetzen. In Erfurt können Flüchtlinge ein Antrag auf Einschulung nur bis ihren 17. Lebensjahr stellen. Steffanie Studnitz vom Bundesfachverband der unbegleiteten minderjährigen Flüchtlinge nennt Gruppen von Flüchtlingen, die in der Gefahr sind, von dem Bildungssystem im Besonderen ausgeschlossen zu werden. Die erste Gruppe sind Minderjährige mit einem unsicheren Aufenthaltsstatus wie Duldung oder Gestattung. Weiterhin werden die Minderjährigen erwähnt, die erst mit 16 oder 17 nach Deutschland kommen und der allgemeinen Schulpflicht nicht mehr unterliegen sowie statuslose Minderjährige. (Studnitz 2011,8 ff). Laut dem Armuts- und Reichtumsbericht der Bundesregierung haben Menschen ohne Schulabschluss nur wenig Chance einen Berufsabschluss zu machen. Im Jahr 2009 wurden 568.000 Personen im Alter von 20 – bis 34 ohne Schulabschluss registriert. Von dieser Gruppe waren 400.000 Menschen ohne beruflichen Abschluss Junge Erwachsene mit Migrationshintergrund sind in besonderem Maße von dieser Problematik betroffen. Drei Mal häufiger als Jugendliche ohne Migrationshintergrund fehlt ihnen die abgeschlossene Berufsausbildung (Bundesministerium für Arbeit und Soziales 2013 a, 184). Der fehlende schulische Abschluss verringert die Chancen auf dem Ausbildungs- und Arbeitsmarkt. Hinzu kommt der diskriminierende Faktor, welcher zusätzlich die Chancengleichheit auf dem Arbeitsmarkt verhindert. Schulen, Ausbildungssysteme sowie Betriebe müssen Bemühungen anstreben, um MigrantInnen eine berufliche Perspektive bieten zu können (Schultze u.a. 2006, 5). Die heutigen Statistiken lassen gesellschaftliche Konsequenzen für MigrantInnen befürchten. Sie werden das Hauptkontingent dessen bilden, was Sozialwissenschaftler als „Prekariat" bezeichnen. Sie werden entweder erwerbslos sein oder zu den „working poor" gehören. Diese Tatsachen ziehen Spätfolgen nach sich wie: Rückzug, soziale Segregation und abweichendes Verhalten. Auf der Seite der Mehrheitsgesellschaft begünstigt dies Vorurteile und negative Zuschreibungen. Der Mangel an Zukunftschancen für einen Teil der heranwachsenden Flüchtlinge ist gleichzusetzen mit einer schweren Verletzung der Menschenrechte (Auernheimer 2009, 108).

1.1 Fragestellung

Wie sieht eine schulische Integration der Flüchtlinge in Thüringen unter der Berücksichtigung der vorhandenen strukturellen Möglichkeiten aus? Ich konzentriere mich auf die Gruppe der jugendlichen Flüchtlinge mit und ohne einen Aufenthaltsstatus, die auf nicht konventionelle Art ihren Abschluss bzw. Weg in das deutsche Schulsystem suchen. Welche beruflichen Schulen können sie besuchen? Als Beispiel möchte ich die Möglichkeiten des Nachholens des Hauptschulabschlusses in der Beruflichen Fördereinrichtung in Erfurt beschreiben. Welche Perspektiven ergeben sich für die Flüchtlinge nach dem BVJ M? Weiterhin möchte ich die Arbeit des Thüringer Projektes „to arrange- pro job"- „Flüchtlinge in Arbeit", welche Berufsorientierungskurse für Junge Flüchtlinge anbietet, darstellen, sowie die Arbeit des Jugendmigrationsdienstes

Problematisch ist die berufliche Integration der Flüchtlinge, die ohne einen Schulabschluss nach Deutschland kommen. Wie wird das Recht auf Bildung umgesetzt für die Flüchtlinge ohne einen gesicherten Aufenthaltsstatus? Welche Netzwerkpartner im Sozialraum müssen zusammenarbeiten, um schulische Integration zu ermöglichen? Weiterhin werde ich auf die statistischen Daten der Flüchtlinge in Thüringen eingehen, auf die Empfänger der Leistungen nach dem Asylbewerberleistungsgesetz mit Blick auf potentielle erwerbsfähige Personen sowie auf die Gruppe der potentiellen Auszubildenden. In Folge dessen werde ich Interviews mit den im Netzwerk beteiligten ExpertInnen durchführen. Schließlich möchte ich die Soziale Arbeit als Menschenrechtsprofesssion im Kontext der Interkulturalität in Blick nehmen, die für die positive gesellschaftliche Entwicklung unabdingbar ist.

1.2 Methodische Vorgehensweise

In der Arbeit habe ich mich für die Methode der Experteninterviews entschieden, da ich die vorhandenen Strukturen in Erfurt erforschen wollte und nicht die subjektive Sicht der Schüler. Ich nahm Kontakt zu der Schulsozialarbeiterin in der beruflichen Fördereinrichtung der Walter- Gropius Schule in Erfurt auf, sowie

wie zu den Mitarbeiterinnen des Jugendmigrationsdienstes und des Projektes „Flüchtlinge in Arbeit" welche mir bereitwillig Interviews gaben. Bei einem Bildungssymposium der Universität Erfurt lernte ich den Berufsberater der Bundesagentur für Arbeit kennen. Er berät die Flüchtlinge zur weiteren schulischen- bzw. beruflichen Laufbahn nach dem BVJ M. Ich führte ebenfalls ein Interview mit ihm.

Die Schritte des Forschungsprozesses wurden von mir dokumentiert. Ich entwickelte einen Leitfaden, der auf die jeweilige Expertin zugeschnitten wurden. Die Interviews wurden in den entsprechenden Einrichtungen durchgeführt und aufgezeichnet. Das gewonnene Material wurde transkribiert und ausgewertet. Die Güterkriterien der qualitativen Forschung sind denen Steineckes u.a. angelehnt. Die gewonnenen Erkenntnisse sind nur auf die in Erfurt vorhandenen Strukturen zu beziehen. Die Informationen sind somit nicht verallgemeinbar. Die Interviews sind subjektiv nachvollziehbar. Darüber hinaus besuchte ich das „Lehrforschungsprojekt" an der Fachhochschule, wo ich mich mit anderen ForscherInnen ausgetauscht habe und den Prozess reflektierte.

2 Statistische Daten zu Asylbewerbern in Thüringen

In Deutschland leben insgesamt 80.523.746 Menschen. 6.627.957 Personen sind AusländerInnen, was umgerechnet 8,2% der gesamten Bevölkerung ausmacht. Im Bundesland Thüringen lebten zum Stichtag 31.12.2012 insgesamt 2.170.460 Menschen, darunter 39.446 Menschen nichtdeutscher Herkunft. Prozentuell gesehen sind es in Thüringen 1,8 Prozent AusländerInnen. Damit ist Thüringen das Bundesland mit dem niedrigsten prozentuellen Anteil an ausländischer Bevölkerung (Statistische Ämter des Bundes und der Länder, 2012).

2.1 Empfänger von Leistungen nach Asylbewerberleistungsgesetz

Zum 31.12.2012 empfingen im Bundesland Thüringen 3.629 Menschen Leistungen nach dem Asylbewerberleistungsgesetz. In der schulpflichtigen Gruppe der 7- 18 Jährigen erhielten 680 junge Menschen Leistungen nach eben diesem Gesetz. 574 Jugendliche im Alter von 18- 25 Jahren gehörten ebenfalls dieser Gruppe an. In der Stadt Erfurt waren es 527 Menschen die diese Hilfen in Anspruch nahmen. In der Personengruppe der 18 bis 25 Jährigen waren es 49 Menschen, die diese Leistungen empfingen. In der Gruppe der erwerbsfähigen Personen von 25 bis 50 erhielten 249 Leistungsberechtigte diese Unterstützung. Der Saale- Holzlandkreis weist ebenfalls eine hohe Zahl an Leistungsempfängern auf. 269 Menschen erhielten im Jahr 2012 Leistungen nach dem Asylbewerberleistungsgesetz. Im erwerbsfähigen Alter 25 bis 50 befanden sich 109 Personen im Leistungsbezug. In der Gruppe der 18 bis 25 Jährigen waren es 70 Menschen, die ihren Anspruch auf die Leistungen gelten gemacht haben (Thüringer Landesamt für Statistik, 2012). Die Jugendlichen bei denen das Asylverfahren positiv endet und deren Aufenthaltstitel es erlaubt, ziehen aus Thüringen weg. Der große Anteil der jugendlichen Flüchtlinge in Thüringen befindet sich im Asylverfahren oder lebt mit einer „Duldung". Die bessere Arbeitsmarktsituation sowie eine größere Community sind nur einige Gründe für den Umzug der Flüchtlinge in die alten Bundesländer (Kemnitz 2012, 2).

2.2 Schulpflichtige Kinder mit Migrationshintergrund in Thüringen

In Thüringen leben ca. 4.734 Kinder und Jugendliche im Alter bis 21 Jahre mit einer ausländischen Staatsangehörigkeit. Laut dem Thüringer Schulgesetz sind sie schulpflichtig, auch dann, wenn Deutsch nicht ihre Muttersprache ist. Dementsprechend steht das Bildungssystem vor der besonderen Aufgabe, geeignete schulische Fördermaßnahmen zu entwickeln, umzusetzen und darüber hinaus dementsprechende Hilfestellungen für den Erwerb der deutschen Sprache zu ermöglichen (Thüringer Ministerium für Bildung, Wissenschaft und Kultur, 2013,1). Aus dem Herkunftsgebiet Afghanistan kommen insgesamt 115 Schüler. In der Gruppe der 18- 21 Jährigen sind es vier Personen. Eine weitere größere Gruppe sind die Jugendlichen aus Aserbaidschan. Insgesamt sind es 108 Personen die derzeit an den Thüringer Schulen eingeschrieben sind. 35 Jugendliche gehören der Gruppe der 14 bis 17 Jährigen an und in der Gruppe der 18 bis 21 Jährigen sind es sechs. Weiterhin ist die Gruppe der aus dem Irak Stammenden zu erwähnen. Derzeit gibt es insgesamt 79 Jugendliche bis 21 Jahren, die schulpflichtig sind. 28 Personen befinden sich im Alter von 14 bis 17 Jahren und weitere 2 Schüler sind im Alter von 18 bis 21 Jahren. Aus der Arabischen Republik Syrien sind es derzeit 71 Schüler in Thüringen, die der Schulpflicht unterliegen. 23 davon im Alter von 14 bis 18. Nur eine Person ist im Alter von 18 bis 21 (Thüringer Ministerium für Bildung, Wissenschaft und Kultur 2013).

3 Aufenthaltstitel im deutschen Ausländerrecht

In den oberen Kapiteln wurde die Statistik in Thüringen kurz skizziert. In diesem Abschnitt wird das Aufenthaltsrecht behandelt, denn für Flüchtlinge ist er von großer Bedeutung, da der Aufenthaltstitel für Zugang von Leistungen entscheidend ist.

Mit der Einführung des Zuwanderungsgesetzes im Jahr 2005 hat sich Deutschland als Zuwanderungsland bekannt. Dieses Gesetz steuert und begrenzt die Zuwanderung. Es beinhaltet Normierungen zur Regelung des Aufenthaltes sowie der Integration von Unionsbürgern und Ausländern. Diese gesetzliche Neuerung brachte eine Veränderung der bisherigen Einstellungen als reines Zufluchtsland mit sich. Es traten weitreichende Änderungen im Ausländerrecht, in Ausbildungsgesetzen bis hin zu den Sozialgesetzen in Kraft, welche jedoch bis heute noch nicht abgeschlossen sind. Anstelle des bisherigen Ausländergesetzes wurde das Aufenthaltsgesetz erschaffen (Schwarz 2011, 1004). Derzeit wird im Aufenthaltsgesetz zwischen zwei Aufenthaltstiteln unterschieden. Im ersten Fall handelt es sich um einen befristeten, zweckgebundenen Titel, auch Aufenthaltserlaubnis genannt. Diese kann mit einer Auflage versehen werden z.B. mit einer Wohnsitzauflage. Die zweite Option handelt von einem unbefristeten, nicht zweckgebundenen Titel, welche als eine Niederlassungserlaubnis bezeichnet wird. In Zusammenhang mit dem Aufenthalt aus humanitären Gründen, haben alle Bundesländer eine Härtekommission einberufen, die entgegen den rechtlichen Gegebenheiten im Einzelfall eine Erteilung eines Aufenthaltstitels erwirken kann (Schwarz 2011,1004).

Der Gesetzgeber definiert den Zweck des Aufenthaltsgesetzes folgendem maßen:

> §1 „(1) Das Gesetz dient der Steuerung und Begrenzung des Zuzugs von Ausländern in die Bundesrepublik Deutschland. Es ermöglicht und gestaltet Zuwanderung unter Berücksichtigung der Aufnahme- und Integrationsfähigkeit sowie der wirtschaftlichen und arbeitsmarktpolitischen Interessen der Bundesrepublik Deutschland. Das Gesetz dient zugleich der Erfüllung der humanitären Verpflichtungen der Bundesrepublik Deutschland. Es regelt hierzu die Einreise, den Aufenthalt, die Erwerbstätigkeit und die Integration von Ausländern..." (§ 1AufenthG).

3.1 Aufenthaltstitel

Im § 4 des AufenthG betont der Gesetzgeber, dass AusländerInnen für die Einreise und den Aufenthalt in der Bundesrepublik Deutschland einen Aufenthaltstitel bedürfen, sofern nicht durch das Recht der Europäischen Union oder durch

Rechtsverordnung etwas anders bestimmt ist. Die Aufenthaltstitel können als: Visum, Aufenthaltserlaubnis, Niederlassungserlaubnis oder als Erlaubnis zum Daueraufenthalt- EG erteilt werden. Bei letzterem handelt sich um einen unbefristeten Aufenthaltstitel welcher einer Niederlassungserlaubnis gleichgestellt ist (§ 4 AufenthG)

> „Ein Aufenthaltstitel berechtigt zur Ausübung einer Erwerbstätigkeit, sofern es nach diesem Gesetz bestimmt ist oder der Aufenthaltstitel die Ausübung der Erwerbstätigkeit ausdrücklich erlaubt" (§ 4 AufenthG). Im § 4 des Aufenthaltsgesetzes wird festgelegt, dass den ausländischen BürgerInnen, die keine Aufenthaltserlaubnis zum Zwecke der Beschäftigung besitzen, eine Beschäftigung nur erlaubt werden, wenn die Bundesagentur für Arbeit zugestimmt hat. Beschränkungen werden in den Aufenthaltstitel übernommen " (§ 4 AufenthG).

3.2 Aufenthaltserlaubnis

Die Aufenthaltserlaubnis erlaubt einem Menschen in der Bundesrepublik den Aufenthalt für einen bestimmten Zweck und für eine bestimmte Zeit. Es wird unter mehreren Arten von Aufenthaltserlaubnissen unterschieden. Der Paragraph des Aufenthaltsgesetzes wird immer in der Aufenthaltserlaubnis vermerkt, so dass der Grund des Aufenthaltes erkennbar ist (BMAS 2013 b, 7). § 7 des Aufenthaltsgesetzes definiert, dass die Aufenthaltserlaubnis zu im Gesetz vorgeschriebenen Aufenthaltszwecken zu erteilen ist, jedoch in begründeten Fällen kann abweichend von diesen Zwecken eine Erlaubnis erteilt werden (§ 7 AufenthG). Der Aufenthaltstitel kann unter anderem zum Zweck der Ausbildung, der Erwerbtätigkeit, aus völkerrechtlichen, humanitären, politischen sowie aus familiären Gründen erteilt werden.

Die Beschäftigung kann allgemein gestattet sein, auf Antrag erlaubt werden oder in bestimmten Fällen ganz verboten sein. Die Genehmigung für eine Arbeitsstelle kann in Einzelfallprüfung erlaubt sein, sie setzt jedoch eine Vorrangprüfung nach §§ 39 ff. AufenthG. voraus. Dies bedeutet, dass die Erlaubnis nur erteilt wird, wenn keine bevorrechtigten Bewerber für diese Stelle in Frage kommen (BMAS 2013 b, 16). Der Gesetzgeber hat die Wichtigkeit der frühzeitigen Arbeitsaufnahme von Flüchtlingen wahrgenommen und den Zugang zum Arbeits- und Ausbildungsmarkt in den letzten Jahren erleichtert (BMAS 2013 b,18f).

3.3 Aufenthaltsgestattung

§ 55 ff des Asylverfahrensgesetzes definiert die Aufenthaltsgestattung und die daraus resultierenden Konsequenzen für den Asylsuchenden. Demnach verpflichtet sich die Bundesrepublik Deutschland während der Dauer des Asylverfahrens einen Aufenthalt zu gestatten, jedoch betont gleichzeitig, dass es kein Anspruch auf die Freizügigkeit des Aufenthaltes besteht. § 56 AsylVfG weist darauf hin, dass die Aufenthaltsgestattung, auf den Bezirk der für den Schutzsuchenden zuständige Ausländerbehörde, beschränkt ist. Das Bundesamt kann abweichend davon die Zustimmung für das Verlassen des Geltungsbereiches bei zwingenden Gründen erteilen. Der § 58 Abs.1 Satz 3 besagt, dass eine Erlaubnis für das Verlassen eines zugewiesenen Aufenthaltsbereiches in der Regel erteilt wird, wenn sie zu Zwecken der Ausübung einer erlaubten Beschäftigung dient oder notwendig ist um eine Schule, Weiterbildung oder Studium zu besuchen. Laut § 60 des AsylVfG kann eine Aufenthaltsgestattung mit Auflagen versehen werden. Demnach kann ein Asylsuchender verpflichtet werden in einer bestimmten Gemeinde oder in einer bestimmten Unterkunft zu wohnen bzw. in diese umzuziehen. Weiterhin wird aufgeführt, dass für die Dauer der Pflicht, in einer Aufnahmeeinrichtung zu wohnen, die Ausübung einer Tätigkeit nicht erlaubt ist (§ 55ff AsylVfG). In den ersten 9 Monaten des Aufenthaltes in Deutschland haben Flüchtlinge mit einer Aufenthaltsgestattung ein Arbeitsverbot. Nach 9 Monaten ist die Aufnahme einer Arbeit mit einer Arbeitserlaubnis möglich. Diese setzt die Zustimmung der Ausländerbehörde sowie der Arbeitsagentur voraus. Abweichend von dieser Regelung ist eine Aufnahme eine Berufsausbildung nach Ablauf der ersten 9 Monaten des Aufenthaltes in Deutschland (IBS 2013,5). Weitere Möglichkeiten, die ab dem 1. Aufenthaltstag in Deutschland ohne Genehmigung bei diesem Status möglich sind, sind: „Freiwilliges Soziales Jahr", „Bundesfreiwilligendienst", Praktika im Rahmen der Hochschulausbildung sowie Praktika im Rahmen von EU geförderten Programmen wie z.B. Xenos. Die oben genannten Tätigkeiten werden laut § 30 Nr. 2 Verordnung über die Beschäftigung von Ausländerinnen und Ausländern nicht als Beschäftigungen angesehen (Einwanderer-Net 2014, 2).

3.4 Duldung

Duldung bescheinigt, dass die Abschiebung aus Deutschland vorerst nicht vollzogen werden kann. Es können verschiedene Gründe dafür vorliegen wie z.B. eine Erkrankung oder das Fehlen des Passes. In der Bundesrepublik lebten im Jahr 2012 86 000 Geduldete, die meisten schon seit mehreren Jahren (Pro Asyl). Durch eine Duldung ist der Aufenthalt in Deutschland nicht legalisiert. Die Ausreise-pflicht wird auf eine bestimmte Zeit ausgesetzt (Peter 2003,51). Die rechtliche Regelung der Duldung ist im § 60a des Aufenthaltsgesetztes fixiert. Über die Vo-rübergehende Aussetzung der Abschiebung entscheidet die oberste Landesbe-hörde. Sie kann sich auf die völkerrechtliche oder humanitäre Gründe berufen. Die Abschiebung soll dann ausgesetzt werden, wenn tatsächliche oder rechtliche Gründe dafür vorliegen. Als maximaler Zeitrahmen der Aussetzung der Abschie-bung werden sechs Monate angegeben. Die Abweichungen von dieser Regelung werden im § 23 Abs.1 des AufenthG behandelt. Eine Duldung kann einem Schutz-suchenden auch dann erteilt werden, wenn dringende humanitäre oder persönliche Gründe vorliegen oder ein großes öffentliches Interesse an seiner vorübergehen-den Anwesenheit in Deutschland besteht. In vielen Fällen bekommen die Men-schen eine Duldung nach der anderen, was zu sogenannten Kettenduldungen führt. Der Alltag der geduldeten Menschen ist von der Unsicherheit der jederzeit widerrufbaren Duldung geprägt. Der nicht rechtmäßige Aufenthaltsstatus schließt die Menschen von der Integration aus. Es besteht kein Zugang zum Integrations-kurs, somit kann die Sprache, die ein unverzichtbares Mittel der Integration ist, nicht erlernt werden (Diakonie). Weitere Einschränkungen sind im Zugang zum Arbeitsmarkt vorhanden. Bei einer Duldung, welche kürzer als ein Jahr dauert, ist eine Beschäftigung nicht erlaubt. Bei Duldung, die länger als 1 Jahr ist, kann ein Antrag auf Arbeitserlaubnis gestellt werden. Eine Besonderheit bildet hier die Be-rufsausbildung. Diese kann ohne Zustimmung der Arbeitsagentur nach 12 Mona-ten Aufenthalt in Deutschland aufgenommen werden (BMAS 2013 b, 17) Men-schen mit einer Duldung können eine Aufenthaltserlaubnis erhalten, wenn sie im Ausland oder in Deutschland eine Ausbildung abgeschlossen haben und eine Tä-tigkeit in ihrem Beruf nachgehen. Es wurde eine neue Aufenthaltserlaubnis ge-schaffen:„Aufenthaltserlaubnis für Geduldete mit einem Bildungsabschluss" wel-che in § 18a des Aufenthaltsgesetzes kodifiziert ist (BMAS 2013 b, 17) Nach vier Jahre Aufenthalt in Deutschland mit Duldung ist ein voller Arbeitsmarktzugang gegeben (IBS 2012 a, 10).

4 (Menschen) Recht auf Bildung

Im vorigen Kapitel wurde das nationale Recht in den Blick genommen. In diesem Abschnitt wird das transnationale Recht der Vertragsstaaten behandelt insbesondere das Menschenrecht auf Bildung. Menschenrechte sind nicht nur Schutz- sondern auch Entwicklungsinstrumente. Demnach sollen Menschen ein selbstbestimmtes Leben in Gleichberechtigung führen können. Für die Entwicklung von Menschenrechten sind drei Tatsachen von Bedeutung: Erfahrung von Unrecht, Protest sowie die Idee es zu verändern. Der Mensch wird zum Träger der gleichen und unveräußerlichen Rechte. Nicht alle Menschenrechte kann man einklagen. Im Falle ihrer Verletzung ermöglichen sie eine Ausübung von effektiver Kritik, welche einen öffentlichen Druck herbeiführen kann. Menschenrechte bieten einen rechtlichen Rahmen für das Verhältnis Bürger zu Staat sowie moralische Standards für das Leben der Menschen miteinander (Fritzsche 2009, 146). Die Realisierung der Menschenrechte stellte eine Voraussetzung sowohl für die individuelle sowie gesellschaftliche Entwicklung dar und für die Befriedigung von sinnlich- vitalen und produktiven Bedürfnissen des Menschen. Soziale Arbeit steht vor der Aufgabe, die Individuen genau dort zu unterstützen, wo die adäquate Bedürfnisbefriedigung in Rahmen der Gesellschaft nicht gelingt. Soziale Arbeit als Menschenrechtsprofession kann nicht ohne politisches Engagement erfolgen (Burkhardt- Eggert 2012 285).

4.1 Internationale Pakts über wirtschaftliche, soziale, kulturelle Rechte

Der Mensch bedarf der Bildung, um als Subjekt sich entsprechend entfalten zu können (Kunze 2013, 17). Das Recht auf Bildung zählt zu den Menschrechten. Demnach hat jeder das Recht auf Bildung. Dieses ist in der allgemeinen Erklärung der Menschenrechte der Vereinigten Nationen vom Jahr 1948 niedergeschrieben und konstatiert somit den historischen Paradigmenwechsel von einem Verständnis von Bildung als Privileg des Einzelnen hin zu einem Recht für alle. Weitere Kodifizierungen wurden in der Folgezeit festgelegt: im Art. 13 des Internationalen Pakts über wirtschaftliche, soziale und kulturelle Rechte vom Jahr 1966, im Artikel 28 der UN- Kinderrechtkonvention vom 1989 sowie in weiteren Menschenrechtskonventionen. Das Recht auf Bildung umfasst mit seiner Gültigkeit alle Menschen. Grundlage dafür bildet die unantastbare Menschenwürde. Menschenrechte sollen allen Menschen unverletzlich, unveräußerlich und unabhängig von staatlicher Anerkennung zustehen. Positiv rechtlich verbürgt waren sie zuerst in der Virginia Bill of Rights von 1776, in der amerikanischen Bundesverfassung als Zusatzartikel von 1790 sowie in der französischen Erklärung der Menschen- und Bürgerrechte von 1789. In Deutschland haben sie Eingang gefunden als Grundrechte in der konstitutionellen Frankfurter Reichsverfassung von 1848 und in der Weimarer Reichsverfassung von 1919 (Welti 2011, 589). Dr. jur. habil Felix Welti ist Professor an der Universität Kassel im Fachbereich Sozialwesen. Er geht auf die Unverletzlichkeit der Menschenwürde ein:

> „Im Grundgesetz steht die Gewährleistung von Grundrechten unter der Verpflichtung aller staatlichen Gewalt, die unantastbare Menschen- würde zu achten und zu schützen und dem Bekenntnis zu unverletzli- chen und unveräußerlichen Menschenrechten (Art.1 Abs.2 GG)" (Welti 2011, 590).

Auf der internationalen Eben wurden Menschenrechte zunächst nur grundsätzlich deklariert als Allgemeine Erklärung der Menschenrechte der Vereinten Nationen von 1948. Im völkerrechtlichen Sinne sind zur Anerkennung der Menschenrechte in Deutschland mehre Verträge ratifiziert worden unter anderem der Sozialpakt über wirtschaftliche, soziale und kulturelle Rechte (Welt 2011, 590).

Art. 13 des Sozialpaktes definiert:

„(1) Die Vertragsstaaten erkennen das Recht eines jeden auf Bildung an. Sie stim- men überein, dass die Bildung auf die volle Entfaltung der menschlichen Persön- lichkeit und des Bewusstseins ihrer Würde gerichtet sein und die Achtung vor den Menschenrechten und Grundfreiheiten stärken muss. Sie stimmen ferner überein, dass die Bildung es jedermann ermöglichen muss, eine nützliche Rolle in einer freien Gesellschaft zu spielen, dass sie Verständnis, Toleranz und Freundschaft unter allen Völkern und allen rassischen, ethnischen und religiösen Gruppen för- dern sowie die Tätigkeit der Vereinten Nationen zur Erhaltung des Friedens un- terstützen muss.

(2) Die Vertragsstaaten erkennen an, dass im Hinblick auf die volle Verwirkli- chung dieses Rechts

a. der Grundschulunterricht für jederman Pflicht und allen unentgeltlich zu- gänglich sein muss;

b. die verschiedenen Formen des höheren Schulwesens einschließlich des hö- heren Fach– und Berufsschulwesens auf jede geeignete Weise, insbeson- dere durch allmähliche Einführung der Unentgeltlichkeit, allgemein ver- fügbar und jedermann zugänglich gemacht werden müssen;

c. *der Hochschulunterricht auf jede geeignete Weise, insbesondere durch all-mähliche Einführung der Unentgeltlichkeit, jedermann gleichermaßen ent-sprechend seinen Fähigkeiten zugänglich gemacht werden muss;*

d. *eine grundlegende Bildung für Personen, die eine Grundschule nicht be-sucht oder nicht beendet haben, so weit wie möglich zu fördern oder zu vertiefen ist;*

e. *die Entwicklung eines Schulsystems auf allen Stufen aktiv voranzutreiben, ein angemessenes Stipendiensystem einzurichten und die wirtschaftliche Lage der Lehrerschaft fortlaufend zu verbessern ist..."* (UN Sozialpakt Art.13,).

Lange Zeit galten die wirtschaftlichen, sozialen und kulturellen Rechte im Gegensatz zu bürgerlichen und politischen Rechten als keine „echten" Rechte und konnten somit keine individuelle Rechtsposition begründen. Sie nahmen den Charakter von Programmsätzen oder rechtpolitischen Bestimmungen. Diese Auffassung änderte sich, was dazu führt, dass auch diese Kodierungen einklagbare Elemente enthalten (Cremer 2009 a, 6). Die Umsetzbarkeit des Rechtes auf Bildung ist mit gewissen Verpflichtungen des Vertragsstaates verbunden. Gemeint sind hier Achtungs- Schutz- und Gewährleistungspflichten, die zur Umsetzung dieser Rechte notwendig sind. Als Gewährleistungspflichten sind Maßnahmen gemeint, die die finanziellen oder strukturellen Charakter haben. Die Schutzpflichten sollen beispielsweise während des Schulbesuchs vor Übergriffen oder Belästigungen schützen. Bei den Achtungspflichten des Staates handelt es sich um die Pflicht diese Maßnahmen zu unterlassen, die in die Rechte eingreifen. Im Kontext des Rechtes auf Bildung sei es zu vermeiden den Zugang zur Schulbildung zu erschweren (ebd.). Im Zusammenhang mit den Schutzpflichten haben die Staaten die Aufgabe sicher zu stellen, dass Eltern ihre Kinder nicht am Schulbesuch hindern. Im Sinne der Achtungspflichten ist festzuhalten, dass der Staat nicht entscheiden darf, ob ein Kind Zugang zur Schule haben soll oder nicht (Cremer 2009a, 7). Das Recht auf Zugang zu Bildungsinstitutionen behält seine Gültigkeit auch nach Ende der Schulpflicht und nach dem Eintritt der Volljährigkeit. Diese Gegebenheiten finden ihre rechtliche Grundlagen insbesondere im Artikel 13 des Sozialpaktes, in dem keine altersgemäße Einschränkungen vorgesehen werden. Infolge dessen, soll der Bereich des „höheren Schulwesens" für alle zugänglich sein (ebd.).

4.2 UN- Kinderrechtkonvention

Die polnische Regierung hat die UN- Kinderrechtkonvention initiiert. Im Jahr 1978 hat ein Vertreter der polnischen Delegation in der Menschenrechtskommission des UN-Wirtschafts- und Sozialrates vorgeschlagen, diese als verbindliche Übereinkommen zur Ratifikation bei Vertragsstaaten zu übergeben. Das Jahr 1979 wurde von den Vereinigten Nationen als „Internationales Jahr des Kindes" proklamiert, daher sollte die „Konvention über die Rechte des Kindes" schon in dem gleichen Jahr von der Generalversammlung verabschiedet werden. Dies ist aber nicht zu Stande gekommen. Die westlichen Staaten förderten eine Überarbeitung, die vor allem den familiären Schutz des Kindes mehr berücksichtigt. Im Oktober 1979 wurde von der polnischen Delegation ein neuerer veränderter Entwurf vorgestellt, wo auch politische und bürgerliche Rechte ausformuliert worden waren. Die Menschenrechtkommission hatte eine Arbeitsgruppe beauftragt, einen Konventionstext auszuarbeiten. Am 20 November 1989 wurde die Kinderrechtkonvention von der Generalversammlung der Vereinigten Nationen verabschiedet. Sie trat am 2 September 1990 in Kraft (Cremer 2009b, 159f).

Im Artikel 28 der UN- Kinderrechtkonvention ist das Recht des Kindes auf Bildung kodifiziert (Cremer 2009a, 8). Bis zum Jahr 2010 hat Deutschland die daraus resultierenden Verpflichtungen mit einem Vorbehalt gegen ausländische Kindern eingeschränkt. Nach 20 Jahren der Deklaration und 10 Jahren bundesweiten PRO-ASYL Kampagne „Alle Kinder haben Rechte" wurde am 15. Juli 2010 die Rücknahme zu UN- Kinderechtkonvention in New York rechtsverbindlich festgehalten mit dem Ziel, in Deutschland lebenden Flüchtlingskindern dieselben Rechte zu gewähren wie den anderen Kindern (Kaufmann 2012, 8). Laut dem Artikel 1 der UN- Kinderrechtkonvention werden Kinder als junge Menschen bis zum 18. Lebensjahr bezeichnet. Deutschland als einziger Staat in der Welt enthält den Schutz der Konvention ab dem 16. Lebensjahr. Demzufolge sind diese Menschen rechtlich handlungsfähig und benötigen keinen Beistand. Krappmann stellt die Frage, ob die Unerfahrenheit der Jugendlichen, durch die Behörden ausgenutzt werden kann. Der UN- Kinderrechtausschuss hat infolge dessen eine Revision angemahnt (Krappmann 2013, 33f).

Der Artikel 28 der UN- Kinderrechtkonvention besagt unter anderem folgendes:

„(1) Die Vertragsstaaten erkennen das Recht des Kindes auf Bildung an; um die Verwirklichung dieses Rechtes auf der Grundlage der Chancengleichheit fortschreitend zu erreichen, werden sie insbesondere

a. den Besuch der Grundschule für alle zur Pflicht und unentgeltlich machen;

b. die Entwicklung verschiedener Formen der weiterführenden Schulen allgemeinbildender und berufsbildender Art fordern, sie allen Kindern verfügbar und zugänglich machen und geeignete Maßnahmen wie die Einführung der Unentgeltlichkeit und die Bereitstellung finanzieller Unterstützung bei Bedürftigkeit treffen;

c. ...

d. d) Bildungs- und Berufsberatung allen Kindern verfügbar und zugänglich machen" (Art. 28, UN- Kinderrechtkonvention, 1989).

Im Artikel 29 der Kinderechtkonvention sind die „Bildungsziele" festgelegt. Diese werden in folgender Form ausformuliert:

> „(1) Die Vertragsstaaten stimmen darin überein, dass die Bildung des Kindes darauf gerichtet sein muss,... d) das Kind auf ein, verantwortungsbewusstes Leben in einer freien Gesellschaft im Geist der Verständigung, des Friedens, der Toleranz, der Gleichberechtigung der Geschlechter und der Freundschaft zwischen allen Völkern und ethnischen, nationalen und religiösen Gruppen zu Ureinwohnern vorzubereiten" (Art.29, UN- Kinderrechtkonvention, 1989).

5 Inklusion der Flüchtlinge in das deutsche Bildungssystem

Das vorherige Kapitel handelte von der transnationalen rechtlichen Situation der Vertragsstaaten. Dieses Kapitel geht man auf die Situation der Flüchtlinge im deutschen Schulsystem ein. Es werden praktische und theoretische Möglichkeiten der schulischen Integration, die in Erfurt vorhanden und praktiziert werden aufgezeigt. Darüber hinaus werden die Arbeit und die Rolle beteiligten Institutionen beschrieben. .

Nur wenig Aufmerksamkeit wird den jungen Flüchtlingen in der bildungspolitischen Debatte geschenkt. Die Inklusion dieser Gruppe in das deutsche Bildungssystem ist nur wenig erkennbar. Soziale Ungleichheit wirkt sich insbesondere auf die Kinder und Jugendlichen mit Migrationshintergrund aus. In diesem Kontext werden Kinder und Jugendliche, die als Flüchtling in Deutschland leben, kaum beachtet. Sie aber unterliegen zahlreichen Zugangsbeschränkungen zum Bildungssystem. Die rechtlichen Restriktionen haben eine Auswirkung auf die psychosoziale Situation der Betroffenen. Der Staat bietet kaum flexible Möglichkeiten einer erfolgreichen Integration in das Schulsystem. Zu beobachten sind positive Ansätze in einigen Kommunen, jedoch ist der Handlungsbedarf auf der rechtlichen sowie institutionellen Ebene weiterhin groß. Dank der Debatte um den drohenden Fachkräftemangel rücken junge Flüchtlinge mit ihrem Humankapital ins bildungspolitische Bewusstsein der Verantwortlichen (Studnitz 2011,7).

Es gibt nur wenig Forschung bezüglich der Situation der jungen Flüchtlinge im deutschen Bildungssystem. Die spezifischen rechtlichen und lebensweltlichen Gegebenheiten der Flüchtlinge werden in den Untersuchungen nicht näher beleuchtet Die meisten handeln von Bildungsbenachteiligung und Diskriminierung im Zusammenhang von Migration. Die gering bemessenen Forschungsgelder für diesen Bereich sind auf das fehlende politische Interesse zurückzuführen. Daraus resultiert, dass nur vereinzelte Studien sowie wissenschaftliche Publikationen zu diesem Thema existieren (Studnitz 2011, 7). Junge Flüchtlinge werden in der Bildungs- und Migrationsforschung selten systematisch miteinbezogen. Kinder, Jugendliche und junge Flüchtlinge sind fast zwei Drittel der neu eingereisten Schutzsuchenden. Von etwa 200.000 geduldeten und 30.000 Menschen in Asylverfahren ist jeder Fünfte jünger als 16 und jeder Dritte befindet sich im Alter von 16 bis 25 Jahren. Es handelt sich um über 100.000 Menschen, die auf Grund ihres unsicheren Status erschwerten Zugang zur Bildung und Qualifizierung haben (Behrensen u.a. 2009, 55).

Für die Jugendlichen die erst ab dem 16. Lebensjahr nach Deutschland kommen, bietet das staatliche Schulsystem kaum eine Möglichkeit zur schulischen Integration. Das Hauptproblem ist, dass allgemein bildende Schulen für 16- und 17 Jährige Schuleinsteiger nicht mehr zuständig sind und die Berufsschulen nicht auf diese Zielgruppe vorbereitet sind. Von Seiten des Staates gibt es fast kaum flexible Möglichkeiten des Nachholens von Schulabschlüssen. Die betroffenen Jugendlichen sind sich selber überlassen und sollen selbst nach einer Lösung suchen. Diese Pflicht der Eingliederung in das Schulsystem wird vom Staat vernachlässigt und die Verantwortung auf den einzelnen Schüler übertragen. In diesem Zusammenhang kommt eine große Bedeutung den freien Trägern zu, die seit einigen Jahren versuchen diese Versorgungslücke zu schließen. Projekte und Initiativen sind entstanden, die die Gestaltung des Überganges von Schule in die Ausbildung als ihre Aufgaben sehen (Studnitz, 2011, 10)

Eine bedeutende Rolle spielt bei Flüchtlingen der Status sowie der Arbeitsmarktzugang. Über den Weg der Arbeit können sich Aufenthaltsperspektiven eröffnen. Die Weichen dafür werden schon im Jugendalter gestellt. Für ihre weitere Entwicklung brauchen besonders junge Menschen eine Perspektive (IBS, 2012). Einschränkend wirkt sich das Arbeitsverbot im ersten Jahr des Aufenthalts aus. Danach gilt der nachrangige Arbeitsmarktzugang d.h. nach einem Antragsverfahren darf eine bestimmte Beschäftigung oder Ausbildung aufgenommen werden (Kemnitz 2012,2).

5.1 Positive Ansätze und Entwicklungen im Bereich der beruflichen Ausbildung, Arbeit und Schulen

Durch das europäische Gemeinschaftsprogramm EQUAL wurden positive Entwicklungen im Bereich berufliche Ausbildung und Arbeit verzeichnet. Dieses Programm wurde im Jahr 2001 in allen EU- Mitgliedstaaten eingeführt. Das Ziel war, die Diskriminierungen auf dem Arbeitsmarkt zu beseitigen. Das stellte sich als ein politisches Instrument dar, mit welchem die Integration auch Flüchtlinge mit unsicherem Aufenthaltsstatus gefordert werden konnte (Studnitz 2011, 11). Ende November 2007 fand die Ergebniskonferenz der Gemeinschaftsinitiative EQAL statt. Die Abschlusskonferenz des Netzwerkes „Asyl" war im Oktober 2007 (Bundesministerium für Arbeit und Soziales, 2008, 1ff).

> "In einem Memorandum, das die Entwicklungspartnerschaften des Thematischen Netzwerks „Asyl" im Rahmen ihres Mainstreamingauftrages erarbeitet haben, ziehen sie ein Fazit ihrer Arbeit und geben vor

dem Hintergrund ihrer langjährigen praktischen Erfahrung Handlungs-empfehlungen an Politik, Verwaltung und Wirtschaft" (BMA 2008, 13).

Im Rahmen des Europäischen Sozialfond- Bundesprogramms zur arbeitsrechtlichen Unterstützung für Bleibeberechtigte und Flüchtlinge entstanden 28 größere Netzwerke; die durch Beratung, Coaching und Öffentlichkeitsarbeit arbeitsberechtigte Flüchtlinge bei der Integration ins Arbeitsleben behilflich waren. Dank der Projekte konnten bundesweit tausende jugendliche und erwachsene Flüchtlinge qualifiziert und vermittelt werden (Studnitz 2011,11).

5.2 Schulpflicht in Thüringen

Die Einführung der Schulpflicht für Kinder von Asylsuchenden in Thüringen kann auf das Jahr 2005 datiert werden. Demnach können Flüchtlinge an den allgemeinbildenden Schulen aufgenommen werden. In der Theorie besteht darüber hinaus die Möglichkeit, an einer Berufsschule ein Berufsvorbereitungsjahr zu absolvieren (Kemnitz 2012 ,2). Die Mitarbeiterin des Flüchtlingsrates Thüringen e.V., Erfurt äußert diese Option für die Flüchtlinge:

„Über diese Möglichkeit wird in den verschiedenen Landkreisen sehr unterschiedlich informiert; gleichzeitig stehen die Berufsschulen vor der Herausforderung, einen Jugendlichen ohne sprachliche Grundlage zu beschulen" (Kemnitz 2012, 2).

Die rechtlichen Regelungen zur Schulpflicht sind von Bundesland zu Bundesland unterschiedlich. Im § 19 des Thüringer Schulgesetzes ist die Vollzeitschulpflicht wie folgt definiert:

(1) Die Vollzeitschulpflicht dauert zehn Schuljahre. Sie kann durch das Überspringen einer Klassenstufe verkürzt werden. Ein drittes Schulbesuchsjahr in der Schuleingangsphase wird auf die Dauer der Vollzeitschulpflicht nicht angerechnet" (Thüringer Schulgesetz 2013, § 19).

Die Berufspflicht wie durch den Gesetzgeber im § 19 wie folgt beschrieben:

„(1) Wer in einem Ausbildungsverhältnis nach dem Berufsbildungsgesetz oder der Handwerksordnung steht, ist zum Besuch der Berufsschule verpflichtet. Die Berufsschulpflicht wird durch den Besuch der Berufsschule erfüllt. Sie endet mit dem Abschluss einer anerkannten Berufsausbildung, spätestens zum Ende des Schuljahres, in dem das 21. Lebensjahr vollendet wird" (Thüringer Schulgesetz 2013, § 22).

Im § 17 des Thüringer Schulgesetztes wird noch mal darauf hingewiesen, dass der Schulpflicht auch Menschen unterliegen, die in Thüringen geduldet werden, eine Aufenthaltsgestattung haben oder nur ein Elternteil diese Voraussetzung erfüllt (Thüringer Schulgesetz 2013, § 17). Im Bereich der schulischen Bildung existieren in einzelnen Kommunen seit einigen Jahren effektiv funktionierende Modelle, die durch eine gemeinsame Zusammenarbeit von den staatlichen sowie nichtstaatlichen Akteuren geprägt sind. Im Hamburg bieten drei berufliche Schulen eine zweijährige Berufsvorbereitung für MigrantInnen im Alter von 16 bis 18 Jahren an. Gleichzeitig können dort drei verschiedene Bildungsabschlüsse erworben werden. Das Angebot richtet sich an Jugendliche mit gesicherten sowie ungesicherten Status, an Jugendliche mit schulischer Vorerfahrung oder nicht alphabetisierte Jugendliche. Die Stadt München verfügt ebenfalls über ein Netz an Bildungsangeboten, die das Nachholen des Berufsabschlusses möglich machen (Studnitz 2011,11). Die Vollzeitschulpflicht beträgt in Thüringen insgesamt 10 Schuljahre (IBS 2012, 29). Nach den 10 Schuljahren gibt es nichts darüber hinaus, was als ein Problem der schulischen Integration für die Flüchtlinge sein kann. In einigen Bundesländern wie Bayern, Sachsen oder Hamburg besteht eine Berufsschulpflicht. Diese trifft sowohl für die Deutschen als auch für die Flüchtlinge zu. In Bayern wurden extra Klassen für diese Gruppe eingerichtet. Diese Flüchtlingsklassen gibt es jetzt in 99 Standorten, wo die Schüler ihren Schulabschluss nachholen können. Christiane Götze ist Netzwerkkoordinatorin und Projektleiterin im Projekt „to arrange- pro job" in Erfurt. Sie vertritt die Meinung, dass über derartige strukturelle Rahmenbedingungen vieles veränderbar wäre (Götze, 234- 244).

Nach Ablauf der Schulpflicht wird in vielen Fällen nur selten ein weiterführender Schulbesuch angeboten, obwohl es grundsätzlich möglich ist. Diese Schwierigkeiten sind zurückzuführen auf fehlende Unterstützung und Hinweise für den Übergang. Die Hinderungen resultieren aus der Residenzpflicht oder finanziellen Schwierigkeiten beim Fahrgeld (Weis 2009, 67).

5.2.1 Schulbesuch

In Thüringen ist die Einschulung nur praktisch bis zum 17. Lebensjahr möglich, dass ist die maximale Grenze, die vom Schulamt in Thüringen gesetzt worden ist. Laut Frau Eggert vom Schulamt Thüringen, können Flüchtlinge bis zu ihrem 17. Lebensjahr einen Antrag auf Einschulung stellen (Müller, 30- 33). Der fehlende oder geringer bewertete Schulabschluss sowie unzureichende Deutschkenntnisse sind Gründe für Schwierigkeiten beim Übergang in die berufliche Ausbildung und in das Arbeitsleben. Ein größerer Teil der Jugendlichen mit einem ausländischen

Pass verlässt die Schule ohne einen Abschluss. Besonders junge Menschen aus Flüchtlingsfamilien sind als SeiteneinsteigerInnen in das deutsche Bildungssystem zu sehen. Die Schwächen in der Allgemeinbildung sind bei dieser Personengruppe stärker ausgeprägt als bei den deutschen Jugendlichen. Dies ist zurückzuführen auf die Tatsache, dass das deutsche Bildungssystem die Benachteiligungen, die aus der sozialen Herkunft und aus der Migration resultieren, nicht kompensieren kann. (Boos-Nünning 2006, 9). Große Schwierigkeiten zeigen sich in den sogenannten MINT- Fächern. Besonderes im Fach Mathematik stellen sich viele Lücken heraus. Manche Flüchtlinge können nicht sicher addieren und subtrahieren, was sich nicht nur im schulischem Kontext sondern auch alltäglichen Kontext als problematisch herausstellt (Golla 2013, 274). Ein Schulabschluss ist eine Basis für die weiterführende Berufsausbildung. Frau Barth, Mitarbeiterin des „Instituts für soziale Infrastruktur" Sie betont die Wichtigkeit des Schulbesuches für die Flüchtlinge:

> „Im Schulbesuch liegen große Chancen für die Flüchtlinge ihr Potential auszuschöpfen und persönliche Eigenschaften weiterzuentwickeln, soziale Kontakte zu knüpfen und eine Grundlage für weitere Ausbildungswege zu schaffen" (Barth 2011, 237).

Die Schule hat für die Flüchtlinge eine große Bedeutung, da manche Schüler zum erstem Mal in ihrem Leben die Normen, Werte sowie die bevorzugten Verhaltensweisen der Mehrheitsgesellschaft kennenlernen und erleben. Durch den Zugang zur Bildung und spätere Ausbildung sind ihre Hoffnungen auf eine bezahlte Tätigkeit groß. Die Sprachprobleme sind die Ursache für die Schulschwierigkeiten sowie für die auftretenden Schulängste (Ringel u.a. 2003,177). Die schulische Sozialisation der MigrantInnen in ihren Herkunftsländern ist durch unterschiedliche zeitliche Dimension gekennzeichnet. Die Grundlagen des Lernens sind von spezifischen kulturellen Gegebenheiten geprägt. Das Lehrpersonal in Herkunftsländern wird oft als Respektperson gesehen, welche alles vorgibt. Für die Schüler bedeutet dies Wiedergeben des gelernten Stoffes. Dieser Prozess ist nicht durch Autonomie und kritisches Hinterfragen geprägt (Behörde für Bildung und Sport, Amt für Berufliche Bildung und Weiterbildung, 2002, 19).

Junge Flüchtlinge die erst nach ihrem 18. Lebensjahr nach Deutschland kommen, werden nicht schulpflichtig erfasst. Sie haben es schwer, ihre schulische Qualifikation nachzuweisen. Die Studie von BiBB verdeutlicht, dass der Übergangserfolg von einer Schule in eine Ausbildung vom Schulabschluss und von der Bildung der Eltern abhängig ist. Bei unbegleiteten minderjährigen Flüchtlingen ist die Wirkung der Eltern grundsätzlich nicht vorhanden. Selbst Eltern von jungen

Flüchtlingen, die durch ein Arbeitsverbot keine Erfahrungen im Berufsleben machen konnten, können ihre Kinder nicht in der Berufsfindung unterstützen (Götze u.a. 2012, 8). Für die Bildung sind die Bundesländer verantwortlich. In einzelnen Landesverfassungen sowie den Schulgesetzen werden die Details geregelt. Mit Beginn des Schuljahres 2009\ 2010 wurden Minderjährige mit einem unsicheren Aufenthaltsstatus den Jugendlichen mit deutscher Staatsangehörigkeit bezüglich der schulischen Bildung gleichgestellt. Das Bundesland Hessen zählt zu den Ausnahmen, da es den geduldeten Flüchtlingen nur Schulbesuchsrecht statt Schulbesuchspflicht einräumt (Ekmescic 2011, 21). Mitarbeiterin der „Zentrale Bildungs- und Beratungsstelle für Migrantinnen und Migranten e.V." in Kiel Mona Golla stellt fest, dass es für die jungen Flüchtlinge oft eine Sache des Glückes ist, auf wen Sie nach ihrer Ankunft in Deutschland treffen. Welches Bundesland, Kommune oder Schule für sie zuständig sein wird. Es ist in keinem Fall von den jungen Flüchtlingen beeinflussbar, ob sie in einem Dorf unterkommen, wo es keine Schule gibt oder ob sie in einer Großstadt leben dürfen, wo auch spezialisierte Einrichtungen für Flüchtlinge vorhanden sind (Golla 2013, 273). Seit längerem ist bekannt, dass das deutsche Schulsystem sozial benachteiligte Kinder und Jugendlichen im Allgemeinen und Personen mit Migrationshintergrund im Speziellen diskriminiert. Die soziale Ungleichheit wird verstärkt durch das dreiteilige Bildungssystem. Eine angemessene Bildungsförderung junger Flüchtlinge ist nicht vorgesehen. Ihre Ressourcen und Defizite werden außer Acht gelassen. Dem Einzelnen wird für seine schulische Leistung die Verantwortung gegeben und das Versagen individualisiert (Ekmescic, 2013, 22). Wissenschaftliche Mitarbeiterin des Berilne Forschungsinstitutes Frau Rocio Ramirez- Rodriguez forscht auf dem Gebiet: Migration, Arbeitspolitik und soziale Mobilität. Sie macht auf die veränderten Bildungsrahmenbedingung der Flüchtlinge aufmerksam:

> „Wenn beispielsweise im öffentlichen Diskurs darüber gesprochen wird, dass Beteiligung und Erfolg von Menschen mit Migrationshintergrund im Bildungssystem wesentlich niedriger sind als bei den Deutschen und sie dadurch weniger Chancen auf dem Arbeitsmarkt haben, ohne dabei ihr sozioökonomisches Umfeld und die aufenthaltsrechtlichen Rahmenbedingungen zu berücksichtigen, wird die Wahrnehmung von der Einseitigkeit der Informationen geprägt." (Ramirzer- Rodriguez u.a. 2010, 29)

Infolge dessen werden die Selbstwahrnehmung der Migrantinnen und die Fremdwahrnehmung in der Aufnahmegesellschaft negativ beeinflusst. (Ramirzer-Rodriguez u.a. 2010, 290). Das Schulsystem in Thüringen ist durch eine starke

Gliederung gekennzeichnet. Die Basis für die Allgemeinbildung ist die vierjährige Grundschule. Die weiterführende Schule orientiert sich an den gebrachten Leistungen der Schüler (IBS 2012, 29). Jugendliche Flüchtlinge verfügen nicht über einen „graden Lebenslauf" und werden ihn auch nie bekommen. Wichtig sei es ihnen aufzuzeigen, dass sie sich für ihre Bildungskarriere Zeit nehmen sollen, um eine solide Basis für das spätere Leben zu schaffen (Golla, 2013, 276).

5.3 Möglichkeiten des Nachholens des Schulabschluss in Thüringen

Wenn die Option eine Regelschule zu besuchen, nicht gegeben ist, bleiben den Flüchtlingen trotzdem andere Wege zum Erwerb eines Schulabschlusses. Um einen Hauptschulabschluss in einigen Bundesländern zu erwerben, haben Flüchtlinge die Möglichkeit ein Ausbildungsvorbereitungsjahr zu absolvieren. Eine weitere Möglichkeit besteht durch den Besuch einer Berufseingangsklasse sowie verschiedenen Bildungseinrichtungen (Golla 2013,274). Auch im Bundesland Thüringen sind theoretisch Möglichkeiten des Nachholens eines Schulabschlusses gegeben. Auf dem sogenannten „Zweiten Bildungsweg" können auch junge Flüchtlinge ein Schulabschluss erwerben. Sowohl durch im Selbststudium vorbereitete und abgelegte externe Prüfungen, als auch durch den Besuch diverser Bildungseinrichtungen kann ein Schulabschluss erworben werden. Auch der Weg zur Berufsausbildung kann auf verschiedene Art und Weise erfolgen. Bei fehlenden Voraussetzungen für einen Einstieg in die Ausbildung sind ebenfalls verschiedene Kompensationsmöglichkeiten und Übergangssysteme möglich (IBS 2012, 51).

Der Haupt- und Realschulabschluss und die allgemeine sowie fachgebundene Hochschulreife können durch das Ablegen einer externen Prüfung erworben werden. Dabei ist der Besuch der entsprechenden Schule nicht notwendig. Für die Prüfung zum Haupt- und Realschulabschluss müssen die Teilnehmer verschiedene Kriterien erfüllen. Dazu zählen: das 16. Lebensjahr muss vollendet sein, der erste Wohnsitz muss in Thüringen sein und der Teilnehmer darf kein Schüler einer Regel-, Gesamt-, Förder-, Berufs-, sowie der Berufsfachschule oder eines Gymnasiums sein. Die externe Prüfung erfordert eine Zulassung des zuständigen Schulamtes, welche auch die Prüfungskommission und die Schule bestimmt. Rechtliche Regelungen dazu sind im §§ 69- 71 der Thüringer Schulordnung zu entnehmen.

Analog dazu kann eine externe Abiturprüfung abgelegt werden. Hier aber muss der Prüfling, das 19. Lebensjahr vollendet haben, seinen ersten Wohnsitz seit mindestens 12 Monaten in Thüringen haben, im laufenden Schuljahr kein Schüler eines Gymnasiums oder Kollegs gewesen sein sowie maximal eine Abiturprüfung in Deutschland nicht bestanden haben (IBS 2012, 59). Der Schulabschluss kann auch durch den Besuch der Abendschulen; Volkshochschulen erlangt werden. Auch hier sind einige Voraussetzungen zu beachten, wie z.b. Erfüllung der Vollzeitschulpflicht von 10 Jahren. Der Besuch der Vorbereitungskurse ist mit finanziellen Kosten verbunden, die von dem angestrebten Abschluss abhängig sind. Die Kosten für den Hauptschulabschluss bewegen sich in Rahmen von 400 bis 670 €. Diese können im Einzelfall von der Agentur für Arbeit übernommen werden. Diese Vorbereitungskurse dauern in der Regel ein Jahr und enden mit einer Prüfung. Für den Realschulabschluss werden Kosten in Höhe von 730- 1800€ anfallen. Die Vorbereitungskurse dauern ebenfalls ein Jahr. Das Gymnasium kann innerhalb von 2- 3 Jahren nachgeholt werden. Die entstehenden Kosten dafür bewegen sich zwischen 2500 bis 3500€.

Als weitere Möglichkeit des Nachholens des Schulabschlusses ist durch den orts- und zeitunabhängigen Unterricht an der Fernschule möglich. Das Lernmaterial samt Übungen wird den Teilnehmenden zur Verfügung gestellt. Der Lernprozess wird durch Lehrer, die als Ansprechpartner per Telefon, Email oder Post fungieren, unterstützt. Nach Beendigung dieses Kurses bekommen die Teilnehmer ein Zeugnis, mit welchen sie sich zu einer externen Prüfung des gewählten Bildungsganges anmelden können. Zu den bekannten Fernschulen zählen z.b. Fernakademie für Erwachsenbildung oder Studiengemeinschaft Darmstadt. Die Dauer des Fernunterrichts ist vom individuellen Lerntempo des Schülers abhängig. Der Hauptschulabschluss kann in einem Zeitraum von 16- 29 Monaten erworben werden. Der Realschulabschluss kann in der Zeit von 27- 42 Monaten, das Abitur in der Zeit von 32- 68 Monaten nachgeholt werden. Die Kosten für die Kurse sind je nach Anbieter unterschiedlich. Arbeitslose Personen sowie von Arbeitslosigkeit Bedrohte können zu 100% über den Bildungsgutschein die Kurse finanzieren (IBS 2012, 60ff).

Das Kolleg bietet die Möglichkeit, in einer dreijährigen Vollzeitausbildung das Abitur bzw. die Allgemeine Hochschulreife zu erwerben. Der Schulbesuch ist kostenfrei und kann in Thüringen in Weimar oder in Ilmenau wahrgenommen werden. Hier muss der Teilnehmer einen Realschul- oder vergleichbaren Abschluss nachweisen. Der Besuch des Kollegs ist auch mit einem Hauptschulabschluss oder ohne vergleichbaren Abschluss möglich, jedoch es muss ein Vorkurs am Kolleg erfolgreich absolviert werden. Auch eine abgeschlossene Ausbildung oder eine dreijährige Berufstätigkeit kann als eine Voraussetzung für Besuch des Kollegs sein. Hier ist anzumerken, dass die Führung eines Familienhaushaltes der Berufstätigkeit gleichgestellt ist. Die erfolgreiche abgelegte Eingangsprüfung in

Mathematik und Deutsch ist ebenfalls eine Voraussetzung für die Aufnahme in das Kolleg. Hierbei müssen die Teilnehmer schon über gute Deutschkenntnisse verfügen. Bei einem erfolgreichen Abschluss des Kollegs ist der Teilnehmer zu einem Studium in der ganzen Republik Deutschland berechtigt. Die begleitenden Lebenshaltungskosten können unter anderem durch Schüler- Bafög, falls die Voraussetzungen dafür erfüllt sind, gedeckt werden. Auch nach dem 31. Lebensjahr sind dazu Regelungen möglich (IBS 2012, 63f).

Auch der Besuch einer Fachoberschule kann aufbauend auf den Realschulabschluss zur Fachhochschulreife führen. Hierbei handelt es sich um einen zweijährigen Vollzeitunterricht. Bei Erfüllung bestimmter Voraussetzungen kann der Schulbesuch auf ein Jahr reduziert werden. Die Voraussetzungen für den Schulbesuch beim Einstieg in die 11. Klasse ist ein Realschulabschluss oder gleichwertiger Abschluss. Beim Einstieg in die 12 Klasse wird ein Realschulabschluss oder gleichwertiger Abschluss sowie eine zweijährige Ausbildung mit staatlicher Prüfung oder eine abgeschlossene Berufsausbildung mit zweijähriger Berufserfahrung vorausgesetzt. Bewerber, die ihre Abschlüsse in Deutschland erworben haben, müssen ihre Gleichwertigkeit nachweisen. Darüber hinaus werden gute Deutschsprachkenntnisse vorausgesetzt (IBS 2012, 65). Die erfolgreich abgelegte Abschlussprüfung führt zur Fachhochschulreife. Auch hier ist der Unterricht kostenfrei. Die Lebenshaltungskosten müssen auch hier gesichert sein. Es gibt auch hier Sonderregelungen bei der Beantragung des Schüler- Bafögs (IBS 2012, 66).

In Thüringen besteht die Möglichkeit, eine allgemeine Schulreife durch den Besuch des beruflichen Gymnasiums zu erwerben. Darüber hinaus bekommen die AbsolventenInnen, einen Berufsabschluss als Assistenten in der gewählten Fachrichtung, die durch einen weiterführenden Besuch einer Höheren Berufsfachschule zu einem Berufsabschluss führt. Die Voraussetzung für die Aufnahme in diese Schulform ist ein Realschulabschluss. Beim Fehlen dieses Abschlusses kann eine Aufnahmeprüfung abgelegt werden. Thüringen verfügt über viele berufliche Gymnasien. Die Fachrichtung sind Technik, Wirtschaft und Gesundheit und Soziales (IBS 2012, 68).

5.3.1 Schulabschluss durch Abschlusszeugnis einer Berufsschule

Laut der Aussage der Mitarbeiterin des Thüringer Ministeriums für Bildung, Wissenschaft und Kultur können Schüler ohne Hauptschulabschluss mit einem Abschlusszeugnis der Berufsschule einen der Hauptschule gleichwertigen Abschluss erwerben und Schüler ohne Realschulabschluss unter bestimmten Voraussetzungen einen dem Realschulabschluss gleichwertigen Abschluss. Der § 25 Thüringer

Berufsschulordnung beschreibt diese Möglichkeiten. Laut den Aussagen der Berufsberater der Bundesagentur für Arbeit Karsten Bernd hat sich der Ausbildungsmarkt in Thüringen so verändert, dass in manchen Berufen die Arbeitgeber bereit sind, Auszubildende ohne Schulzeugnisse aufzunehmen. Das ist meistens in den klassischen Handwerksberufen der Fall, dass über die praktische Begabung sowie mit Instrumenten wie „Einstiegqualifizierung" ein Ausbildungsplatz gefunden werden kann (Bernd, 177-200). Bei der „Einstiegqualifizierung" handelt es sich um eine Maßnahme der Agentur für Arbeit, in der der potenzielle Arbeitgeber gefördert werden soll. Es ist ein Langzeitpraktikum von 6 bis 12 Monaten. Der Arbeitgeber erhält für die Bereitschaft, einen potenziellen Auszubildenden in den Betrieb zu integrieren 216€ überwiesen sowie die Sozialversicherungsbeiträge. Die 216€ muss er den Jugendlichen auszahlen und die Beiträge in die Versicherung überweisen. Dadurch lernen sich die Arbeitgeber sowie die künftige Auszubildenden kennen. Mehr als drei Viertel dieser Praktika münden in einem Lehrvertrag. Um diese Unterstützung bekommen zu können, müssen die Flüchtlinge beschäftigungsfähig sein, meistens schon nach neun Monaten des Aufenthaltes in Deutschland (Bernd, 47-78). Carsten Bernd macht außerdem auf das Problem des Fachkräftemangels aufmerksam:

> „Die Arbeitgeber in Thüringen haben auch ein Problem, gerade im Handwerk Nachwuchs zu finden, und jetzt kommt der Arbeitgeber zu uns ins Haus und sagt, ich finde überhaupt keinen Lehrling, die haben so schlechte Schulnoten und sind unzuverlässig und es bewirbt sich gar keiner, wenn dann sind sie ungeschickt. Dann sagen wir, wir haben da jemanden, der ist ganz geschickt, der kommt aber aus dem Ausland, hat dort schon als Tischler gearbeitet, würde gerne hier eine Ausbildung machen, hat aber keine Zeugnisse. Wollen Sie nicht mal Kontakt aufnehmen?" (Bernd, 88- 93).

5.4 Berufsvorbereitungsjahr Migration

Das Berufsvorbereitungsjahr wird als ein schulischer Bildungsgang in der Bildungslandschaft definiert. Die Zielgruppe sind die Schüler, die nach Beendigung oder nach dem Abbruch der Schule keine Ausbildung machen sowie keine weiterführende Schule besuchen, aber ihre Schulpflicht noch nicht erfüllt haben. Im Rahmen dieses Bildungsganges kann der Schulabschluss nachgeholt werden sowie Grundkenntnisse in einem oder mehreren Berufsrichtungen vermittelt werden. Das Berufsvorbereitungsjahr dient der verbesserten beruflichen Orientierung, der Steigerung des Allgemeinwissens sowie zum Erwerb von Basisqualifikationen, die zu einer verbesserten Ausbildungsreife führen sollen (Handwerks kammer Erfurt).

Die deutliche Mehrheit der Teilnehmer kann keinen Hauptschulabschluss nachweisen. Die Chancen auf eine Ausbildungsstelle sind dadurch minimiert. Im Rahmen des BVJ sollen die Jugendlichen auf Herausforderungen einer beruflichen Ausbildung vorbereitet werden. Der Unterricht kann in Vollzeit oder Teilzeitform stattfinden (BiBB 2009, 190). Im Schuljahr 2007- 2008 waren 62.100 Personen im BVJ. 61% davon waren männlich. 5100 Schüler waren beim Einstieg bereits 19 und älter. Unter den Älteren war mehr als die Hälfte in den neuen Bundesländern.

10.900, also umgerechnet 17,5% waren ausländische Bürger (ebd.) In Thüringen ist BVJ in den Berufsschulen verankert. Neben den Grundqualifikationen in den Fächer Deutsch und Mathematik werden auch fachpraktische Inhalte vermittelt, die durch zwei Praktika in ausgewählten Ausbildungsbetrieben ergänzt werden. Das BVJ können Schüler nur bis zum 27. Lebensjahr beginnen. Die Bewerbung erfolgt in der entsprechenden Berufsschule (IBS 2012 b, 70). In den 80er Jahren wurde in vielen Bundesländern das Berufsvorbereitungsjahr als ganzjähriges vollzeitschulisches Angebot für die Jugendlichen eingerichtet. Im Hinblick auf die erleichterte Gestaltung des Überganges von Schule zu Beruf besonders für „benachteiligte Jugendliche" entwickelt sich auch in den neuen Bundesländern ein breites Angebot an Maßnahmen. Das BVJ ist bis zur heutigen Zeit ein wichtiger Bestandteil diese Maßnahmen und richtet sich an Personen, die keinen Hauptschulabschluss sowie kein berufliches Ausbildungsverhältnis vorweisen können, jedoch nach dem Schulgesetz in der Pflicht sind, eine berufsbildende Schule zu besuchen (Bauer u.a. 2005, 23f). Seit dem Jahr 2005 beobachtet man eine Rückläufigkeit der Schülerzahl des BVJ gegenüber dem Vorjahr um Durchschnitt um 13,7%. Vor allem in den neuen Bundesländern sind markante Einschnitte der Schülerzahl zu verzeichnen. Thüringen weist im Jahr 2007- 2008 eine Rückläufigkeitsquote von 12, 6% auf (BiBB, 2009, 191).

„Der Bildungsgang BVJ-M dient der beruflichen und sozialen Integration von Jugendlichen, die nicht über ausreichende deutsche Sprachkenntnisse für die Teilnahme am Unterricht in einer Regelklasse oder in einer Ausbildung verfügen. Sie sollen auf das deutsche Ausbildungssystem und das Leben in der deutschen Gesellschaft vorbereitet werden" (Behörde für Bildung und Sport, Amt für Berufliche Bildung und Weiterbildung, 2002, 20). Bei dieser Personengruppe stehen im Fokus der Bildungsziele nicht nur der Erwerb der notwendigen Sprachkenntnisse, sondern auch die Entwicklung und Stärkung der Handlungskompetenzen wie Sach-, Fach-, Sozial-, sowie Lernkompetenzen. Als weiteres Ziel des BVJ- M wird die Gestaltung eines Überganges in Ausbildung und Arbeitsmarkt definiert. Ein Übergang in die weiterführenden Schulen stellt auch ein mögliches Ziel des BVJ- M dar. Keine geringe Zahl der Schüler möchte eine weitere Schule besuchen. In Frage kommen verschiedene teil- sowie vollqualifizierte Berufsfachschulen sowie auch Schulen an denen ein Erwerb der Fachhochschulreife oder allgemeinen Hochschulreife möglich ist. Die Jugendlichen sollen anschließend in der Lage sein gesellschaftliche Anforderungen in Deutschland bewältigen zu können. Wichtig ist dabei, die Jugendlichen unter der Berücksichtigung der kulturellen Werte und Traditionen in ihrer Lebenslage zu stabilisieren und eine Orientierung in der Ankunftsgesellschaft zu geben (Behörde für Bildung und Sport, Amt für Berufliche Bildung und Weiterbildung 2002, 20).

5.4.1 BVJ M in der beruflichen Fördereinrichtung in Erfurt

Die Entstehung der BVJ M Klassen in Erfurt wurde durch den Jugendmigrationsdienst mit angestoßen. Der Internationale Bund war der erste Träger der Jugendintegrationskurse in Erfurt. In dem Kurs waren 15 Jugendliche, die nach Absolvieren des Kurses eine Perspektive brauchten. Sie hatten keinen Schulabschluss und somit war die Vermittlung in eine Ausbildung kaum möglich. Der Jugendmigrationsdienst nahm Kontakt zum Schulamt sowie zu der Walters Gropius Schule auf und wirkte bei dem Prozess der Einrichtung einer BVJ M Klassen mit. Schon mit Beginn des Jugendintegrationskurses wurden diese Bemühungen angestrebt. Das dauerte ungefähr zwei Jahre. Alice Lot räumt ein, dass es notwendig war, immer wieder Gespräche auf verschiedenen Ebenen zu führen. Weiterhin weist sie darauf hin, dass die Schule im Hinblick auf die sinkende Schülerzahlen auch interessiert war, eine derartige Klasse zu eröffnen (Lot, 78- 117).

Für die Aufnahme in der BVJ M Klasse in Erfurt sind die Voraussetzungen außer Sprachkenntnissen auch die Alphabetisierung. Um die Aufgaben im Unterricht bewältigen zu können, muss die Fähigkeit zum Lesen und Schreiben vorhanden sein. Die Schüler müssen Sprachkenntnisse auf dem Niveau B1 oder A2 in der deutschen Sprache mit sich bringen, um dem Unterricht folgen zu können. Die Schulsozialarbeiterin Martina Lindig betont die Wichtigkeit der Sprachkenntnisse für das schulische Erfolgserlebnis (Lindig, 95- 114). Für die BVJ M Klassen hat die Walters Gropius Schule in Erfurt eine Höchst Grenze von 24 Jahren eingesetzt. Begründet wurde diese Entscheidung mit der Grenze der Gewährung von Leistungen des Bildungs- und Teilhabepaketes für zusätzliche Sprachforderung und Nachhilfestunden. Der Unterricht außerhalb der Schule stellt eine wichtige Komponente auf dem Weg zum Schulabschluss der Flüchtlinge dar (Lindig, 102 105).

Nicht zwingend notwendig bei der Aufnahme in die Schule sind die schulischen Vorerfahrungen im Herkunftsland. Die Schulsozialarbeiterin Martina Lindig schildert es wie folgt:

> „Viele waren auch in ihrem Heimatland nicht in der Schule. Viele haben einfach gearbeitet oder im letzten Schuljahr gab es welche, die wegen religiöser Konflikte nicht in die Schule gehen durften, diese wurden im Tempel unterrichtet , aber nur punktuell. Es gibt aber auch einige, die hatten das Glück in der Schule sein zu dürfen. Also Schulerfahrung ist keine die Voraussetzung" (Lindig, 89- 94).

Die Stundentafel in BVJ beinhaltet in der Woche zwei Praxistage. Aus Sicht der Schulsozialarbeiterinnen wäre es wichtig, für die Schüler mit Migrationshintergrund, diese umzustellen und weniger Praxis zu Gunsten des Deutsch- und Mathematikunterrichts zu ändern. Die Jugendlichen haben auch keinen Englischunterricht und wenn sie auf weiterführende Schulen gehen möchten, um ihren Realschulabschluss zu machen, kann dieses zu einem Problem werden (Lindig, 242-255). Auf dieses Problem macht auch der Berufsberater Carsten Bernd aufmerksam. Beim Zugang zur weiterführenden Berufsfachschule wird ebenfalls fünf Jahre Englischunterricht vorausgesetzt. Er nennt das Beispiel von einer Schülerin aus Afghanistan, die ihren Hauptschulabschluss in der beruflichen Fördereinrichtung erworben hatte und an der weiterführenden Ludwig Ehard Schule ihren Realabschluss nachmachen wollte. Sie sprach gut Englisch, hatte aber Schwierigkeiten in der Schriftsprache. Sie hatte schon Englischunterricht in Afghanistan, konnte es aber nicht nachweisen. Der Berufsberater hat das mit der Schulleiterin besprochen, welche sie zur Prüfung zugelassen hat. Sie bestand die Prüfung und wurde in die Schule aufgenommen (Bernd, 301- 313)

Die Schüler des BVJ M haben in der Woche zwei bis drei Deutschstunden mehr, als das in einem normalen BVJ üblich ist (Müller, 54-55). Im letzten Schuljahr waren es 10 Schüler mit Migrationshintergrund die ihren Schulabschluss anstrebten. Acht von Ihnen haben den Hauptschulabschluss erworben. Zwei sind ins BVJ I übergegangen, um in der späteren Phase ihren Hauptschulabschluss nachzuholen (Lindig, 130- 133). Im vorletzten Schuljahr waren weniger Teilnehmer, die dann in die Deutsche BVJ Klassen integriert wurden. Die Idee der Integration ist an die Grenzen gestoßen, weil die Gestaltung des Unterrichtes sich als schwierig erwies (Lindig 136- 141). Höchstwahrscheinlich wird auf Anraten des Berufsberaters

Carsten Bernd von der Bundesagentur für Arbeit in Erfurt in der Walters Gropius Schule eine zweijährige Berufsfachschule eröffnet. Es besteht dann die Möglichkeit, den Realschulabschluss nachzuholen (Müller, 60- 67). Die Vermittlung der jugendlichen Flüchtlinge ins BVJ M sind gut, da die Berufsschulen weniger Berufsschüler haben und somit sehr offen sind für diese Zielgruppe. Sprachkenntnisse müssen allerdings schon vorhanden sein (Götze, 124-125). Für das Image und den Erhalt der Schule sind die BVJ M Klassen ebenfalls von Bedeutung (Lot, 115- 117). Carsten Bernd betont, dass das BVJ M ein gelungenes Projekt ist und es sei wünschenswert, dass es mehrere solche Projekte geben soll (Bernd, 392- 393).

Die SchulsozialarbeiterInnen an der Walter- Gropius Schule pflegen Kontakte zu unterschiedlichen Kooperationspartnern mitunter zum Sprachkursträger, wo die Jugendlichen schon vorher sind. Ihre Aufgaben, die sie schon im Vorfeld hat, definiert die Schulsozialarbeiterin Martina Lindig wie folgt:

> „...die Aufgabe, die schon besteht bevor das Schuljahr beginnt mit den Kooperationspartner die es gibt, wo die die Schüler woher irgendwo sind in Sprachkursen zum Beispiel Kontakt zu haben, den Schülern die Schule mit vorzustellen, uns vorzustellen was wir hier unterstützend und begleitend machen, die Schüler kennen zulernen und dann auch bei den Bewerbungsgesprächen dabei zu sein, nicht als Hauptperson die eine Entscheidung trifft und noch mal Nachfragen zu stellen und schon mal einen Eindruck von dem Schüler zu bekommen." (Lindig, 8- 16).

Es ist von großer Bedeutung, dass im Vorfeld Maßnahmen getroffen werden um den jugendlichen Flüchtlingen diese Möglichkeit in der Walters Gropius Schule aufzuzeigen. Ein wichtiger Kontakt, neben den Kontakten zu Sprach- und Bildungsträgern, ist der Kontakt zur Agentur für Arbeit zur Berufsberatung. Die Zusammenarbeit besteht darin, dass der Berufsberater in die Schule kommt und die Flüchtlinge berät. Die Schulsozialarbeit nimmt dabei eine vermittelnde Funktion ein. Informationen über Dauer des Aufenthaltes, Aufenthaltstitel werden an den Berufsberater weitergeleitet, weil dieser einen großen Einfluss auf Fördermöglichkeiten hat. Es wird geschaut, welche Ausbildung sie machen können oder welche weiterführende Schulen in Frage kommen (Lindig, 57- 64). Der Berufsberater Carsten Bernd betont die Wichtigkeit der Zusammenarbeit mit den Schulsozialarbeiterinnen der beruflichen Fördereinrichtung am Rabenhügel:

> „Es ist Dreh- und Angelpunkt, ist eine Schaltstelle, weil die Sozialpädagogen, sind da ganz nah dran und sie sind keine Lehrer, die haben

noch eine Extrafunktion, sie sind auch ein bisschen Mittler zwischen den Instanzen..." (Bernd, 379- 384).

Nach dem Erwerb des Hauptschulabschlusses haben Flüchtlinge die Möglichkeit, unter bestimmten Voraussetzungen weiterführende Schulen zu besuchen. In den Beratungsgesprächen, die in der beruflichen Fördereinrichtung am Rabenhügel sowie im Büro des Berufsberaters der Agentur der Arbeit stattfinden, werden Flüchtlinge auf ihrem Bildungsweg unterstützt. Die Beratungen beinhalten darüber hinaus Informationen zur Ausbildungsförderung wie z.b. Berufsausbildungsbeihilfe. Flüchtlinge haben nur eingeschränkten Zugang zur Berufsausbildungsbeihilfe. Sie richtet sich nach dem Aufenthaltsstatus, nach der Aufenthaltsdauer oder sogar nach der Aufenthaltsdauer der Verwandten. Der Berufsberater prüft es im Einzelfall. (Bernd 117-120). Weiterhin macht er darauf aufmerksam, dass aus seiner Erfahrung viele SchuleiterInnen eine gute „Willkommenskultur" pflegen und Schüler in die weiterführenden Schulen aufnehmen, da sie wissen, dass die meisten Flüchtlinge hochmotiviert sind und ihre Bildungschance die sich ergibt nutzen (Bernd, 365- 368).

Laut Aussage der Mitarbeiterin für Thüringer Bildung, Wissenschaft und Kultur kann im Prinzip jede berufsbildende Schule ein BVJ für die Belange der ausländischen Schülern einrichten. Maßgeblich dafür ist die Erfüllung einer Mindestschülerzahl sowie personelle Ressourcen. Sie bestätigt, dass in Thüringen bis jetzt nur in Erfurt ein BVJ M existiert.

5.5 Thüringer Projekt „to arrange- pro job"

Das Thüringer Projekt „to arrange pro job" hat den Auftrag, auf Landesebene wie auch auf regionaler Ebene Flüchtlinge und Akteure des Arbeitsmarktes mit Beratung zu unterstützen. Den rechtliche Rahmen dafür bietet das seit 2008 existierende Sonderprogramm des Bundesministeriums für Arbeit und Soziales zur arbeitsmarktlichen Unterstützung für Bleibeberechtigte und Flüchtlinge. Die Finanzierung dieses Programms setzt sich zusammen aus Mitteln der Europäischen Sozialfonds, Mittel des Bundes sowie Mittel des Landes und der Kommunen. In Thüringen sind 10 Träger aktiv daran beteiligt, Unterstützung im Bereich der Integration zu leisten (IBS 2012 a, I). Die Projekte umfassen Beratung, Qualifizierung und Vermittlungsleistungen welche durch die Arbeit auf der strukturellen Ebene mit Multiplikatoren aus der Politik und Verwaltung, ergänzt werden (Strehle 2012, 5). Konkrete Angebote des Projektes umfassen: berufliche Beratung und Neuorientierung, Begleitung bei Anerkennung von Schulabschlüssen, Beratungen zu Thema Ausbildung, Praktikum und Studium sowie Beratungen zu aufenthaltsrechtlichen Angelegenheiten. Zu den wichtigen Aufgaben gehört auch die Vermittlung zwischen den Ratsuchenden und behördlichen Institutionen und Unternehmen (IBS).

Zu der Zielgruppe des Thüringer Projektes „to arrange- pro job" gehören Flüchtlinge und MigrantInnen, die einen Aufenthaltsstatus aus humanitären Gründen haben. Gemeint sind hierbei insbesondere Bleibeberechtigte nach § 23 Abs.1 sowie nach § 104 a des Aufenthaltsgesetzes, Flüchtlinge mit einer Aufenthaltsgestattung oder Duldung, Flüchtlinge mit einer Aufenthaltserlaubnis nach § 25 AufentG, arbeitslose Flüchtlinge oder Flüchtlinge in einem prekären Arbeitsverhältnis. (IBS). Im Jahr 2012 legte das Netzwerk seinen Schwerpunkt auf den Übergang Schule und Beruf für junge Flüchtlinge. Infolge dessen wurde ein siebenmonatiger Berufsorientierungskurs für junge Flüchtlinge erarbeitet. An der Erarbeitung haben der Flüchtlingsrat Thüringen, das Erfurter Bildungszentrum und das Institut für Berufsbildung und Sozialmanagement mitgewirkt.

5.5.1 Berufsorientierungskurs als mögliche Vorstufe der schulischen Integration

Der Berufsorientierungskurs entstand in Folge der Nachfrage vieler junger Flüchtlinge in den Gemeinschaftsunterkünften und der Erfahrung, daß das Berufsvorbereitungsjahr nicht immer die passende Option ist. Der siebenmonatige Berufsorientierungskurs beinhaltet folgende Schwerpunkte: a)Sprachkurs; b) Praxis- Erprobungswochen in verschiedenen Berufsfeldern; c)Theorieunterricht, welcher an den Unterricht der Berufsschulen angelehnt ist z.B. Mathematik; d) Bewerbungstraining; e) Praktikum. Es wurde bei dem Projekt Wert darauf gelegt, dass die individuelle Begleitung der TeilnehmerInnen durch die gleiche Ansprechpartnerin gegeben war. Die Teilnehmer des Kurses stammen aus Afghanistan, Iran, Irak sowie aus Bosnien- Herzegowina. Insgesamt waren es nur zwei Frauen, die an dem Berufsorientierungskurs teilnahmen. Die Zugänge zur Bildung für Frauen und Männer sind weiterhin nicht gleich. Die schulischen Erfahrungen der Flüchtlingsfrauen spielen hierbei auch eine Rolle. Die große Mehrheit der TeilnehmerInnen verfügten über keinen „sicheren" Aufenthaltsstatus und befanden sich noch im Asylverfahren. Die Jugendlichen absolvierten erst einen zweimonatigen Sprachkurs und danach gingen sie in den theoretischen sowie Erprobungswochenunterricht Bei den Erprobungswochen waren Berufsfelder wie: Metall, Elektronik, Medien, Verkauf, Gastronomie sowie Maler möglich. Zeitgleich wurde mit den Teilnehmern ein Bewerbungstraining durchgeführt. In jeder Projektphase war

ein hoher Aufwand an individueller Betreuung und Absprachen unter den MitarbeiterInnen notwendig. Als schwierig erwies sich im Berufsorientierungskurs die
Unterrichtgestaltung in den Theoriewochen, was an unterschiedlichen Schuler-
fahrungen und Schulbildungen der Jugendlichen lag. Besonders im Fach Mathematik wurde ersichtlich, dass manche Jugendliche Probleme bei einfachen Re-
chenaufgaben hatten, während die anderen sehr schnell mit ihren Aufgaben fertig
waren. Als ein weiterer Stolperstein waren die unterschiedlichen Regeln und
Bräuche der Flüchtlinge, die mit den hier geltenden Regeln kollidierten. Der Alltag in Heimen ist meistens von der Strukturlosigkeit geprägt, jetzt aber kümmert
man sich um sie, was eine völlig neue Situation ist (Götze u.a. 2012,11). Sehr
treffend beschreibt dies Christiane Götze u.a. in ihrem Artikel „Bildung für junge
Flüchtlinge":

> „Gerade vor diesem Hintergrund erscheint es wichtig, die Asylbewer-
> ber möglichst frühzeitig an Zugängen zu Ausbildung und Arbeit teilha-
> ben zu lassen, da Zeiten des Wartens zu psychischen Hemmnissen füh-
> ren, die sich nicht unbedingt positiv auf spätere Integrationsbemühun-
> gen auswirken" (Götze u.a. 2012, 11).

Weitere Schwierigkeiten stellte die Komplexität des deutschen Bildungssystems
dar. In den meisten Ländern werden Berufe nicht durch eine dreijährige Berufsausbildung erlernt, sondern durch praktische Mitarbeit und Hospitation. Die Be-
grifflichkeiten, die in einem Zusammenhang mit der Ausbildung in Deutschland
stehen z.B. „duale Ausbildung", „Ausbildungsvertrag" mussten den jungen
Flüchtlingen erklärt werden. Auch Fragen wie: „Warum muss ich in eine Berufsschule, wenn ich in einer Firma lerne?" mussten mit den Jugendlichen besprochen
werden (Götze u.a. 2012, 11). Der Berufsorientierungskurs verzeichnete hohe Er-
folge. Von insgesamt 14 Teilnehmern konnten drei eine betriebliche Ausbildung
anfangen, ein Teilnehmer begann eine schulische Ausbildung, fünf Teilnehmern
sind ins Berufsvorbereitungsjahr gegangen, um ihren Abschluss nachzuholen und
weitere zwei Jugendliche fingen eine ESF- BAMF Sprachkurs an. (Götze u.a.
2012, 7ff). Der Zugang zum Berufsorientierungskurs ist auch an bestimmte Voraussetzungen gebunden. Der Flüchtling muss einen „Arbeitsmarktzugang" haben, das heißt, die Wartezeit von neun Monaten muss erfüllt sein und es darf kein
„Arbeitsverbot" vorliegen. Die Mitarbeiterinnen des Projektes überprüfen immer
die Rechtmäßigkeit des Arbeitsverbotes, da diese oft als Sanktionierung verwen-
det wird. Ein gewisses Sprachniveau muss der Bewerber ebenfalls mitbringen.
Dieses wird in Bewerbungsgesprächen festgestellt. Auch ein kleiner schriftlicher

Test ist vorgesehen, da die Teilnehmer Sprachkenntnisse nachweisen müssen wenn sie Richtung BVJ gehen sollen (Götze, 62- 71).

Christiane Götze geht darüber hinaus auch auf das Thema der Flucht ein. Die Flüchtlinge machen sich teilweise schon mit 14 - 15 Jahren auf den Weg ins Exil. Die Jugendphase ist die Zeit, wo die Persönlichkeit des Menschen sich ausbildet, wo Jugendliche sich orientieren, ausprobieren, vielleicht auch einen falschen Weg einschlagen. Den Flüchtlingen wird diese Chance nicht eingeräumt. Sie stehen immer unter dem besonderen Fokus des Flüchtlings und die Gefahr der Beurteilung: „ist nur ein Flüchtling" (Götze 273- 286).

5.6 Jugendmigrationsdienst in Erfurt

Problematisch erweist sich die berufliche Integration der Flüchtlinge, die keinen Schulabschluss oder diesen aus dem Herkunftsland nicht nachweisen können und der Schulpflicht nicht mehr unterliegen. Die Chance, einen Ausbildungsplatz ohne einen Schulabschluss zu bekommen, sei sehr gering. Aus diesem Defizit ergeben sich Spätschäden für die weitere Bildungs- und Einkommenssituation der Schutzsuchenden, welche generationsübergreifend sich weiter entwickeln können. Es ist ein wichtiges Thema, welches viel Öffentlichkeit braucht um zu reifen. In diesem Abschnitt wird die Arbeit und Rolle des Jugendmigrationsdienstes präsentiert und reflektiert.

Der Jugendmigrationsdienst bietet eine fachliche Unterstützung für Jugendliche und junge Erwachsene mit Migrationshintergrund. Die dort verankerte Jugendsozialarbeit stellt jugendspezifische, präventive und lebenslagenorientierte Hilfen zur Verfügung. Die sozialpädagogische Unterstützung konzentriert sich auf die sprachliche, schulische, berufliche und soziale Integration. Sie dient dem Ausgleich der individuellen und strukturellen Benachteiligungen. Darüber hinaus fördert sie den Prozess der Persönlichkeitsentwicklung und persönlichen Ressourcen. Die Zielgruppen des Jugendmigrationsdienstes sind nicht nur die neu zugewanderten Jugendlichen, sondern auch länger in der Bundesrepublik Deutschland lebende junge MigrantInnen sowie die einheimische Bevölkerung samt aller relevanten Organisationen und Institutionen. In 409 Standorten der Jugendmigrationsdienste werden jährlich im Durchschnitt 80 000 junge Menschen mit Migrationshintergrund im Alter von 12 bis 27 Jahren unterstützt und begleitet. Die individuelle Integrationsförderung, die Netzwerk und Sozialraumarbeit sowie die interkulturelle Öffnung der sozialen Dienste sind die Arbeitsformen des Jugendmigrationsdienstes. Zunehmend rücken die Gemeinwesen orientierten Ansätze in den Fokus. Hierbei handelt es sich um den Aufbau örtlicher sozialer Netzwerke mit

Schulen, Betrieben, amtlichen Institutionen, um zur Verbesserung des Lebensumfeldes der Jugendlichen beizutragen, sowie an der Öffentlichkeit und Lobbyarbeit mitzuwirken (Laubach 2011, 485). Die Integrationspolitik des Bundesministeriums für Familien, Senioren, Frauen und Jugend hat als Ziele definiert: die Erhöhung der Chancengleichheit , Verbesserung der Rahmenbedingung sowie die Optimierung der Zugangschancen von jungen MigrantInnen ins besondere an der Schnittstelle Schule- Ausbildung- Beruf. Vordergründig haben Jugendmigrationsdienste die Aufgabe, mittels des "individuellen Integrationsförderplans" junge MigrantInnen zu unterstützen. Zudem beteiligen sie sich aktiv bei der Vernetzungsarbeit in den Sozialräumen (Bundesministerium für Familie, Senioren, Frauen und Jugend 2011,1). Die individuelle Integrationsförderung findet durch eine individuelle Beratung und Steuerung des Integrationsprozesses statt. Dies erfolgt durch Case Management Verfahren (ebd).

Darüber hinaus übernimmt JMD verschiedene zusätzliche Aufgaben war, die aus dem Bedarf der MigrantInne bzw. der Auftraggebern gewachsen sind. Die Leiterin des Jugendmigrationsdienstes Alice Lot nennt insbesondere die Zusammenarbeit mit den Schulen sowie die Lernförderung über "Bildung- und Teilhabepaket". Weiterhin werden verschiedene Projekte, die zum Profil des JMD passen geführt (Lot, 12-18).

Der Jugendmigrationsdienst kooperiert mit dem Berufsberater der Bundesagentur für Arbeit sowie mit den Schulsozialarbeiterinnen der Walter Gropius Schule, aber auch mit vielen verschiedenen Partner im Sozialraum (Lot, 83- 104). Im Interview geht Alice Lot auf das Thema der Zusammenarbeit mit verschiedenen Akteuren innerhalb der Migrationsarbeit ein. Sie sieht kritisch, wie man innerhalb des Netzwerkes mit dem Thema Konkurrenz und Konflikte umgeht. Weiterhin weist sie darauf hin, dass es an Reflexion des Prozesses fehlt (Lot, 133- 139).

6 Hürden bei der schulischen Integration der Flüchtlinge in Thüringen

Dieses Kapitel geht auf die möglichen Schwierigkeiten der schulischen Integration der Flüchtlinge ein

6.1 Rechtliche Restriktionen auf Grund des Aufenthaltsstatus beim Zugang zu Sprachkursen

Eine Grundvoraussetzung für eine gesellschaftliche Teilhabe in Deutschland sind ausreichende Deutschkenntnisse. Der Integrationskurs, im welchem Sprach- und Orientierungswissen vermittelt wird, ist ein Kernstück der staatlichen Integrationsangebote in Deutschland. Der Bund hat ein wirksames Instrument bereitgestellt, um ZuwanderInnen auf dem Weg in die deutsche Gesellschaft zu unterstützen. Der Integrationskurs beinhaltet einen Sprach- und Orientierungskurs. Der Sprachkurs beinhaltet je nach Kurstyp zwischen 400 und 900 Lerneinheiten. Eine Unterrichteinheit dauert 45 Minuten. Unterschieden wird zwischen einem Basissprachkurs und einem Aufbausprachkurs, die jeweils mit 300 Unterrichteinheiten eingesetzt sind. Beide sind in Kursabschnitte von 100 Einheiten aufgeteilt. Nach dem Sprachkurs findet der Orientierungskurs statt. Hier wird das notwendige Alltagswissen sowie Rechtsordnung und Kultur unterrichtet. Wichtige Themen hierbei sind Rechte und Pflichten in Deutschland, Formen des Zusammenlebens, Religionsfreiheit und Gleichberechtigung (BAMF 2012, 109ff). § 43 AufenthG. Abs.2 Satz 2 und 3 beschreiben die Ziele des Integrationskurses wie folgt:

> „Ziel des Integrationskurses ist, den Ausländern die Sprache, die Rechtsordnung, die Kultur und die Geschichte erfolgreich zu vermitteln. Ausländer sollen dadurch mit den Lebensverhältnissen im Bundesgebiet so weit vertraut werden, dass sie ohne die Hilfe oder Vermittlung Dritter in allen Angelegenheiten des täglichen Lebens selbständig handeln können" (§ 43 Abs. 2 Satz 2 und 3 AufenthG.).

Der § 44 des Aufenthaltsgesetzes stellt die Weichen für die Teilnahme an einem Integrationskurs. Entsprechend des Gesetzes sind die Personen, die an dem Integrationskurs teilnehmen, diejenigen denen eine Aufenthaltserlaubnis erteilt worden ist: 1) zu Erwerbszwecken nach §§ 18 und 21 ; 2) zum Zwecke des Familiennachzugs nach §§ 28, 29, 30, 32, 36; 3) aus humanitären Gründen nach § 25 Abs.1 oder Abs.2; 4) als langfristig Aufenthaltsberechtigter na § 38 a; 5) Aufenthaltstitel nach § 23.2 (§ 44 AufenthG).

Flüchtlinge haben grundsätzlich keinen rechtlichen Anspruch auf einen BAMF Integrationskurs, es sei denn sie bezahlen ihn selbst. Für 100 Unterrichtstunden müssen sie 295 € ausgeben, was für die Mehrheit unbezahlbar ist. Eine der Alternativen ist die Teilnahme an berufsbezogenen Sprachkursen im Rahmen des Bundesprogramms ESF „Arbeitsmarktrechtliche Unterstützung für Bleibeberechtigte und Flüchtlinge II." Voraussetzung dafür ist ein 12 Monatiger Aufenthalt in Deutschland. Es ist aber Glücksache, ob es ein derartiges Projekt in der Nähe des Aufenthaltsortes gibt (Golla 2013, 274). Christiane Götze beschreibt diese Möglichkeiten in Erfurt:

> „...der EFS BAMF- Sprachkurs, die Teilnehmer die quasi über uns gemeldet werden, können über uns am BAMF- Sprachkurs teilnehmen, das war ab 2012 für die Zielgruppe geöffnet worden und wurde auch gut besucht bei uns in Thüringen von den Asylbewerbern, also wir hatten am Ende Zahlen über 500, über 500 die wir Thüringenweit in so einen Sprachkurs geben konnten. Das Problem ist jetzt daß die Gelder nicht mehr zur Verfügung stehen, sondern nur noch wenig Kurse angeboten werden können und wir einfach darauf hoffen, ab 2015 das es die Kurse wieder geben wird" (Götze, 129- 136).

Mangelnde Sprachkenntnisse können eine Bildungsbarriere darstellen, besonders dann, wenn die Bildungsinstitutionen diese zum Anlass nehmen und den MigrantInnen das Erreichen eines Abschlusses absprechen (Barth 2011, 238). 18 §a des Aufenthaltsgesetzes beschreibt, dass einem geduldeten Ausländer eine Aufenthaltserlaubnis erteilt werden kann, wenn er eine Ausbildung oder ein Hochschulstudium erfolgreich in Deutschland abgeschlossen hat oder eine Berufstätigkeit als Fachkraft seit drei Jahren ununterbrochen ausgeübt hat (§ 18a AufenthaltG). Auch für den Beginn einer Berufsausbildung, was für geduldete Flüchtlinge schon nach einem Jahr des Aufenthaltes in Deutschland möglich ist, sind gute Sprachkenntnisse unabdingbar (IBS 2012 b,71). Die Aufnahme ins BVJ M in Erfurt ist ebenfalls an gute Deutschkenntnisse gebunden.

Die schlechte finanzielle Situation der Flüchtlinge war auch ein Thema in den Interviews. Im nächsten Kapitel wird aufgeführt welche Leistungen beim Besuch einer Bildungseinrichtung möglich sind.

6.2 Finanzierung

Der Zugang zu Leistungen hängt vom Aufenthaltsstatus ab. Das Sozialsystem in Deutschland ist sehr vielseitig und beinhaltet viele Sonderregelungen. Leistungen

nach dem Asylbewerberleistungsgesetz erhalten Menschen mit einer Aufenthaltsgestattung, Duldung, sonstige Ausreisepflichtige und in besonderen Fällen auch
Personen mit einer Aufenthaltserlaubnis. Der Anspruch auf die Leistungen nach
SGB II und SGB XII wird allen anderen zugewanderten Bürgern bei entsprechenden Zugangsvoraussetzungen einräumt. Darüber hinaus sind weitere Möglichkeiten der Finanzierung des Lebensunterhalts während des Schulbesuchs in Deutschland gegeben (IBS 2012 b, 154). Der Besuch des BVJ M ist für die Teilnehmer
kostenfrei und nicht an einen Aufenthaltsstatus gebunden. Die Lebensunterhal-
tungskosten müssen jedoch gedeckt werden. Es kann elternunabhängiges Schüler-
BAföG beantragt werden oder Leistungen nach SGB II. Weiterhin besteht die
Möglichkeit, unterstützende Leistungen des Bildungs- und Teilhabepakets zu be-
antragen (IBS 2012 b, 70). Der Anspruch auf Schüler BAföG hängt von dem aufenthaltsrechtlichen Status ab. Das regelt der §8 des BAföG. In Ausnahmefällen
z.B. kann einem Schüler BAföG sogar nach dem 30. Lebensjahr gewährt werden.
Ein Anspruch auf die Leistungen des Bildungs- und Teilhabepakets haben in Ausnahmefällen auch junge Erwachsene bis zum 25. Lebensjahr, die eine allgemein-
oder berufsbildende Schule besuchen und keine Ausbildungsvergütung erhalten.
Die Anspruchsvoraussetzung regelt das Sozialgesetzbuch II.

Personen, die Leistungen nach dem Asylbewerberleistungsgesetz erhalten, haben
die Möglichkeit, eine punktuelle Unterstützung für den Besuch der Schule zu be-
antragen. Es handelt sich hierbei um „sonstige Leistungen" nach § 6 des AsylbLG.
Es liegt im Ermessen der Mitarbeiter des zuständigen Sozialamtes, ob diese Leistung gewährt wird. Es muss ein besonderer Bedarf vorliegen, der nicht durch andere gedeckt werden kann. Beispielsweise kann es sich um Leistungen handeln
wie: Brille, Lehr- und Lernmaterial und Bildungs- und Teilhabepaket (IBS 2012
b, 167). Die Flüchtlinge die das Berufsvorbereitungsjahr in Erfurt machen, bekommen meistens Leistungen nach SGB II. Die Schulsozialarbeiterin Martina
Lindig stellt fest, dass das Geld immer ein relevantes Thema ist. Die Flüchtlinge
im Gegensatz zu den deutschen Schülern leben hier meist allein in eigenen Woh-
nungen und müssen die anstehenden Termine im Jobcenter persönlich wahrnehmen. Viele Termine werden oft während der Schulzeit wahrgenommen. Die
Schulsozialarbeiterinnen machen die Arbeiter der Jobcenter auf diese Problematik
aufmerksam (Lindig, 220- 234).

Auch die Sozialarbeiterin des Jugendmigrationsdienstes Rita Müller macht im Interview auf das „Geldproblem" aufmerksam:

„Die Schwierigkeit ist schon, weil sie auch Empfänger von Harz IV
sind und sind auch zu meist ohne ihre Eltern hier, sie haben wenig Geld,
und müssen jeden Tag zur Schule gehen. Das kann auch ein Problem
werden, weil sie keine zusätzlichen Möglichkeiten haben um sich zu
finanzieren. Viele suchen auch so eine Art von Mini- Job und das gibt
es eben kaum. Schüler werden auch wenig genommen weil sie haben
keine Berufserfahrung in Deutschland, deswegen finden sie zu meist
keinen Mini- Job" (Müller, 92- 99).

Die Sozialarbeiterin Rita Müller sieht auch die Probleme bei der schulischen Integration im „Durchhalten" der schulischen Laufbahn. Der Wunsch, eigenes Geld
zu verdienen, war bei einigen Teilnehmern groß. Sie verließen das BVJ M, um
arbeiten zu gehen. Sie verloren jedoch nach kurzer Zeit ihre Arbeitsplätze (Müller,
85- 90).

6.3 Problematik der adäquaten Bildungsform

Die Gruppe der Flüchtlinge ist keinesfalls homogen. Auch Flüchtlinge haben unterschiedliche Leistungsvoraussetzungen und Bildungsstände. Die Spanne ist
groß. Es gab Flüchtlinge auf Hochschul- bzw. Abiturniveau, die in das BVJ integriert worden sind, es gab aber auch Flüchtlinge bzw. Flüchtlingskinder, die lern-
behindert waren, und in die normalen Regelschulen eingeschult worden sind. Der
Berufsberater Herr Bernd ist dieser Meinung, dass möglichst früh diagnostische
Verfahren zur Feststellung des tatsächlichen schulischen Leistungsstandes eingesetzt werden sollen, um herauszufinden welche Potentiale derjenige aus seinem
Herkunftsland mitbringt. Die Unter- bzw. Überforderung der Schüler könnte ver-
mieden werden. Somit könnte der Flüchtling in einer für sich adäquaten Bildungs-
form integriert werden. Bei der Berufsberatung wird eine Art von Anamnese er-
hoben um Ressourcen bzw. Defizite festzustellen. Optimal wäre jedoch, wenn
diese Untersuchung durchgeführt würde, bevor ein Flüchtling an irgendeine
Schule integriert wird. Das würde die Fehlsteuerung vermeiden. Denkbar wäre im
Idealfall, eine spezielle Instanz oder Stelle, welche expliziert für diese Belange
zuständig wäre. (Bernd, 392- 424). Die fehlenden Nachweise über die Absolvie-
rung von Unterricht, Unterrichtsinhalte sowie Zertifikate stellen ebenfalls eine
Hürde für die schulische Integration der Flüchtlinge dar. Bei den Anerkennungs-
stellen besteht grundsätzlich die Möglichkeit, über eine Einzelprüfung zu diversen
Bildungsgängen oder Schulen zugelassen zu werden. Das ist für die Flüchtlinge
sehr schwer. Von Vorteil für sie ist, sich jemanden als Unterstützer ins Boot zu
holen, der mit den aufnehmenden Schulen zusammenarbeitet. Es kann sich zum

Beispiel um Sozialpädagogen, Berufsberater oder Lehrer handeln, die den Flüchtling unterstützten und mögliche Wege im System aufzeigen (Bernd, 293- 329). Sehr wichtig wäre, dass bei den Zulassungen zu Bildungsgängen gesonderte Sonderregelungen für die Flüchtlinge gelten sollten, sowie Regelungen zur Nachweisbarkeit der Qualifikationen (Bernd, 394-398).

In allen Interviews stellte sich das Thema Diversität als besonders wichtig heraus, deswegen wird in dem nächsten Kapitel darauf eingegangen.

6.4 Diversität

Diversität beschreibt das Phänomen für die Vielfalt. Das steht für wahrnehmbare oder verborgene Unterschiedlichkeiten sowie Gleichheiten einer Person oder Gruppe. In Deutschland rückt der Begriff der „kulturellen Vielfalt" immer mehr in den Fokus der Diskussion. Das schließt den Bereich der Bildung mit ein. Vielfältige ethnische, sprachliche, soziale und religiöse Hintergründe stellen die Institutionen sowie die Professionellen zum Teil vor erheblichen Herausforderungen. Diversität ist nicht nur die Wahrnehmung der Vielfalt, sondern auch eine wertschätzende Grundhaltung und Offenheit gegenüber der Unterschiedlichkeit der Menschen (Kimmelmann 2009, 7). Die Vielfalt ist Bestandteil unserer Realität. Um positive Entwicklungen in Sachen Diversität erzielen zu können, müssten persönliche, gesellschaftliche Barrieren erkannt und abgebaut werden. Dr. Phil. Czarina Wilpert ist unter anderem Sozialwissenschaftlerin, Migrationsforscherin und Diversity-Trainerin. räumt ein dass:

> „Grundlegend ist auch die Überzeugung, dass wir durch die Anerkennung und Wertschätzung von Menschen verschiedener Zugehörigkeiten herabsetzende Zuschreibungen überwinden können und mehr Menschen verschiedener Herkunft für eine gemeinsame Sache gewinnen" (Wilpert 2009, 168).

Anerkennung der Vielfalt ist ein großes Thema in der deutschen Gesellschaft und ganz besonders in der Sozialen Arbeit. Die Gesellschaft verändert sich. Die Themen der Anerkennung der Vielfalt finden sich im Thema Inklusion wieder. Unter Inklusion versteht man die unbedingte Zugehörigkeit und Einbeziehung in die Gesellschaft. Im Sinne von Inklusion ist sie prinzipiell heterogen. Dieses Prinzip wird voll akzeptiert. Die politische Herausforderung ist, dass niemand aus den gesellschaftlichen Regelstrukturen ausgegrenzt wird. Darüber hinaus sollen soziale Institutionen zugänglich gemacht werden und bestehende Barrieren abgebaut werden. Inklusion ist das Nicht- Ausgrenzen. Wenn MigrantInnen nicht ausgegrenzt werden, müssen sie nicht integriert werden (Niehoff 2011, 447).

In den geführten Interviews sind Themen vorgekommen, in welchen die ExpertInnen auf mangelnde Anerkennung der Vielfalt im Alltag der Flüchtlinge aufmerksam machen. Alice Lot ging auf das Thema des deutschen Schulsystems ein. Das deutsche Schulsystem ist starr. Sie definiert es wie folgt:

> „…Wir haben junge Leute, die sind 21 Jahre, die haben aber schon gearbeitet vielleicht 7 oder 8 Jahre. Die haben Erfahrung als Verkäufer, als Näher, als Sattler also so in Handlungsberufen haben Sie gearbeitet, dass wird überhaupt nicht anerkannt. Also dieses ist überhaupt nicht wichtig" (Lot, 189- 194).

Alice Lot betont kritisch die Wichtigkeit des Schulzeugnisses: „… ist das Zeugnis adäquat Der Abschluss, ist er in unserem System adäquat, und wenn das alles passt, dann hat er eine Chance und das ist natürlich ein ganz langer Prozess. In Deutschland wird darüber diskutiert, ob das nun irgendwann mal so ist, dass es anerkannt wird aber das glaube ich nicht, das diese non- formalen Abschlüsse oder das non- formale Wissen anerkannt wird" (Lot, 186- 201).

Ein weiterer Aspekt der nur wenig Berücksichtigung findet, ist die Anerkennung der Flucht. Es ist eine große Leistung, die die Jugendlichen vollbringen, in dem sie sich mit 14 oder 15 Jahren auf die Flucht begeben. Sie kommen mit einem großen Erfahrungsschatz nach Deutschland. Sie müssen sich ihr Leben in Deutschland ohne ihre Familien einrichten (Lot, 202- 207). Alice Lot geht auf das Thema der Toleranz ein. Sie ist der Meinung, dass die Toleranz bei allen an diesem Prozess beteiligten vorhanden ist, aber es sei keine Toleranz, wenn man den Flüchtling genau so behandelt wie den Deutschen, ohne zu schauen was er für Kompetenzen und Potentiale aus seinem Herkunftsland hierher bringt (Lot, 217- 222).

Die Schulsozialarbeiterin Martina Lindig spricht von der „Sensibilität der Lehrenden":

> „…dass man Integrationsarbeit bei den Lehren leistet, immer wieder sensibilisiert, immer wieder darauf aufmerksam macht, was sind das für Jugendlichen, woher kommen sie, warum sind sie hier, was haben sie für Einschränkungen, und das manches einfach länger dauert". (Lindig, 266- 275).

Auch Alice Lot betont, dass das pädagogische Personal mehr auf das Thema der Flüchtlinge sensibilisiert werden soll (Lot, 190-202).

Die Sozialpädagogin und Soziologin Monika Treber ist Professorin an der Katholischen Hochschule in Berlin. In ihrem Artikel „Die Ressource Bildung in der

Sozialen Arbeit mit jungen Flüchtlingen" geht sie auf die Thematik der „latenten Diskriminierung" ein. Junge Flüchtlinge, die über einen gesicherten Aufenthaltsstatus verfügen geben an, dass das deutsche Bildungssystem wenig Interesse an ihren mitgebrachten Kompetenzen hat. Es besteht eine Erwartung möglichst unauffälliger Assimilation an die Kultur des Aufnahmelandes. Als möglicher Beleg dafür ist die unzureichende Förderung der Herkunftssprache (Treber 2009, 80).

7. Schlussfolgerungen für eine professionelle Flüchtlingssozialarbeit in Deutschland

Soziale Arbeit ist eine Menschenrechtsprofession. Ihr Handeln basiert auf den wissenschaftlichen Erkenntnissen und Methoden. Sie hat den Anspruch, Menschen eine befriedigende Teilhabe zu ermöglichen. Sie will der Gesellschaft bei der Erfüllung der sozialen und demokratischen Verpflichtungen helfen. Die berufsethischen Prinzipien stellen eine Grundlage für das Handeln in der Sozialen Arbeit dar. Sie hilft dem Einzelnen sowie einer Gruppe bei der Lösung von Problemen, die nicht durch andere Interventionen abgedeckt werden können. Soziale Arbeit fungiert politisch, in dem sie durch Handlungsforschung mögliche Ursachen für Probleme aufzeigt sowie über entstehende Probleme informiert. Sie fordert den Zusammenhalt der Gesellschaft und hilft allen Bürgern bei der Ermöglichung der Teilhabe. Die Basis für das Handeln der Sozialen Arbeit sind die Prinzipien der Menschenrechte sowie die Prinzipien der sozialen Gerechtigkeit (DBSH). Ein wesentliches Qualitätsmerkmal der sozialen Dienstleistung ist das Handeln im Sinne des ethischen Bewusstseins der Professionellen (DBSH). Soziale Arbeit muss sich angesichts der derzeitigen Situation in der Flüchtlingsbewegung herausgefordert sehen. Als Menschenrechtsprofession hat sie ihren Auftrag, Menschen von Unterdrückungen zu befreien sowie ihnen bei der Integration zu helfen. Die Hilfestellungen und Interventionen für MigrantInnen ist ein Aufgabenfeld der Profession, welche sich wie ein roter Faden durch ihre Geschichte zieht. Die Flüchtlinge bedürfen besonderen Schutz und Unterstützung, insbesondere bei der Orientierung in der neuen Umgebung, finanzielle Sicherung sowie Integration in die Aufnahmegesellschaft. Die Flüchtlingssozialarbeit ist ein „Sonderfall" in diesem Berufsfeld. Durch die gesetzlichen Restriktionen kann sie nur schwer ihren Hauptansprüchen,: Menschen vor der Exklusion zu schützen und die Integration zu fördern, gerecht werden. Junge Flüchtlinge die nach Deutschland einreisen, haben auf der Basis von internationalen und nationalen Regelungen Anspruch auf Schutz. Dies sei verpflichtend nicht nur für den Gesetzgeber, sondern auch für die ausführenden Organe, darunter auch die Soziale Arbeit. Der Artikel 28 der Kinderrechtkonvention definiert das Recht des Kindes auf Bildung. In der Praxis zeigen sich Probleme bei der Einlösung der Rechtsansprüche, was etliche Erfahrungsberichte sowie wissenschaftliche Untersuchungen belegen. (Treber 2009, 71f). Bildung ist eine Ressource und „Ressourcenorientiertes Arbeiten" ein Standard, der die Fachlichkeit in unserer Profession widerspiegelt. Die Ressourcenorientierung ist eine Haltung, die die Potentiale des Menschen ins Zentrum stellt. Die AdressatInnen der Sozialen Arbeit sollen aktiv ihren Alltag gestalten sowie Probleme bewältigen, wenn ihnen entsprechende Ressourcen zur Verfügung stehen. Unter Ressourcen sind nicht nur die schon vorhandenen Potentiale gemeint, sondern auch diese, die noch zu erschließen sowie zu entwickeln sind. Somit werden an die „Sozialprofessionellen" spezifische methodische Anforderungen gestellt. Sie sind in der Pflicht, die Ressourcen der AdressatInnen zu erkennen. Auch diese, die rudimentär ausgebildet sind. Die Professionellen müssen die in den Lebensraum der AdressatInnen existierenden Ressourcen wahrnehmen und Zugänge zu ihnen ermöglichen sowie diese unterstützend begleiten. Bildung ist eine Ressource, die die Lebensbewältigung ermöglicht. Sie ist aber auch ein Austauschmedium zum Erwerb von sozialen Status, zum Zugang zu Einflusspositionen sowie zu weiterführenden Bildungsgängen (Treber 2009, 72). Monika Treber sagt, dass die Soziale Arbeit zur Verbesserung der Bildungschancen der jungen Flüchtlinge einen sozialökonomischen, vernetzten Ansatz benötigt, welche die Zusammenarbeit von Einrichtungen der psychosozialen Versorgung mit Einrichtungen des formalen Bildungswesens, der außerschulischen Bildung, der ethnischen Gemeinschaft und der Zivilgesellschaft mit einschließt (Trebert 2009,79). Der Sozialen Arbeit kommt eine zentrale Rolle bei den Integrationsprozessen zu. Ihr Handeln ist durch die berufsethischen Prinzipien geleitet. Die Professionsangehörigen haben den Anspruch der Teilhaben der benachteiligten Menschen zu ermöglichen. Durch die solidarische Zusammenarbeit mehrerer Einrichtungen und Organisationen in Erfurt ist die Teilhabe der Flüchtlinge an der Bildung im vorgegebenen rechtlichen Rahmen gegeben. Der Sozialen Arbeit kommt eine vermittelnde Funktion hinzu. Sie ist wie ein Sprachrohr zwischen den Flüchtlingen sowie Institutionen. Die Professionellen sind nah an dem Alltag der Menschen dran, bauen zu Ihnen Beziehungen auf, gleichzeitig aber sind sie aktiv in ihrem Sozialraum, kennen die strukturellen Möglichkeiten und Ressourcen, welche sie für ihre Klienten zu nutzen wissen.

Die Gruppe der Flüchtlinge, die nach ihrem 16. Lebensjahr nach Deutschland einreist, ist in der Gefahr, aus dem deutschen Bildungssystem ausgeschlossen zu werden. Ohne einen Schulabschluss ist nur mit bestimmten Hilfen wie z.B. „Einstiegsqualifizierung" eine Chance auf eine Ausbildung möglich. Diese Gruppe der Flüchtlinge ist in diesem Alter, in welchen die Grundbausteine für die berufliche Zukunft gelegt werden. Meiner Meinung nach muss alles gemacht werden, diesen schutzsuchenden Menschen zu ermöglichen, unabhängig davon, wo sie ihre weitere Zukunft verbringen, ihr Recht auf Bildung umzusetzen. Nur weil sie nicht in ihren Länder vorübergehend weiter leben können, dürfen sie hier auf Grund der starren Gesetzlage nicht diskriminiert werden. Deutschland ist das Land der vielen Möglichkeiten mit gut ausgebauten beruflichen Ausbildungssystemen. Es ist auch ein Land der „Wissens- und Informationsgesellschaft". Deutschland ist aber auch ein Land der Leistungsgesellschaft, wo wenig Spielraum ist für Quereinsteiger. Die Politik und die Gesellschaft muss sich die Frage stellen: Wie ernst nehmen wir die Menschenrechte?

Thüringen ist das Bundesland, in welchem, prozentuell gesehen, nur wenig Menschen mit Migrationshintergrund leben. Viele jungen Menschen verlassen nach positivem Ablauf des Asylverfahrens dieses Bundesland. In Hinblick auf die demographische Veränderungen können Flüchtlinge als eine unabdingbare Ressource gesehen werden. Wenn ihnen die Chance gegeben wird, in das deutsche Bildungssystem einzusteigen, nutzen sie diese auch und sind nach Expertenmeinung, die im Rahmen dieser Arbeit befragt worden sind, hochmotiviert. Mit dieser Chance ergeben sich Bleibeperspektiven in Deutschen. Das Recht der Kinder und Jugendlichen auf Bildung ist ein Menschenrecht, welches nicht immer reibungslos umsetzbar ist. In Erfurt sind die strukturellen Möglichkeiten der schulischen Integration im Vergleich zur der ländlichen Gegend gut ausgebaut. Die Einrichtungen der Migrationsarbeit haben eine Zusammenarbeit mit beruflichen Fördereinrichtungen aufgebaut und wissen diesbezüglich die schulische Integration der Flüchtlinge auszunutzen. Die Landeshauptstadt Erfurt ist die einzige Stadt in Thüringen, die ein Berufsvorbereitungsjahr für die Belange der SchülerInnen mit Migrationshintergrund anbietet. Die SchülerInnen können dort ihren Hauptschulabschluss nachholen. Aber nicht für jeden ist diese Form der Bildung geeignet. Für Flüchtlinge die auf Abiturniveau sind, aber ihre Nachweise bezüglich des Bildungsweges nicht vorweisen können, ist BVJ eine Unterforderung. Als schwierig erweist sich die Differenzierung der unterschiedlichen schulischen Niveaus der Flüchtlinge, da dazu spezifische Institutionen zur Feststellung der schulischen Stufen der Flüchtlinge noch fehlen.

Der Schulbesuch ist nicht an einen Aufenthaltstaus gebunden. Jeder Flüchtling kann ein BVJ machen, wenn er die formale Zugangsvoraussetzung wie z.B. Sprachkenntnisse erfüllt. Aber die Sicherheit, nicht abgeschoben zu werden ist während des Schulbesuches noch nicht gegeben Eine Ausnahme ist hier die Stadt Bremen, die aber nur bei den unbegleiteten minderjährigen Flüchtlingen während des Schulbesuchs ein Bleiberecht einräumt (Götze, 268-272). Die deutsche Sprache ist eine „Eintrittskarte" in das schulische System. Um diese erlernen zu können, benötigt man Unterstützung und Sprachkurse sowie auch Kontakt zu der deutschen Gesellschaft. Der Zugang zu ihnen ist nur mit einem bestimmten Aufenthaltsstatus möglich. Es gibt auch Alternativen wie zum Beispiel die Initiative „Flüchtlinge in Arbeit" anbietet.

Die Anerkennung der Vielfalt und der Potentiale der Flüchtlinge gelingt der deutschen Gesellschaft im 21. Jahrhundert nur schwer. Zu sehr haften wir an den formalen Voraussetzungen beim Zugang zu Bildung und zur Gesellschaft. Zu sehr verdecken die nationalen Vorstellungen der Bildungsabschlüsse und formalen Anforderungen die Sicht auf die mitgebrachten Potenziale der Flüchtlinge. Es gibt natürlich Bemühungen, dies zu ändern, jedoch es ist bei Weitem noch nicht die Norm. Strukturelle Bedingungen wie Berufsschulpflicht, die es in Thüringen nicht gibt, erschweren zusätzlich den Zugang der nicht mehr Schulpflichtigen bzw. SchülerInnen nach 16. Lebensjahr, die in Thüringen nicht mehr eingeschult werden, zu Bildung.

Die Anerkennung der Muttersprache, als gleichwertige Fremdsprache wäre von Bedeutung für den Besuch der weiterführenden Schulen in Deutschland. Das Kultusministerium in Thüringen hält jedoch an gesetzlichen Regelungen bezüglich der Englischproblematik fest. Es wird keine Rücksicht genommen, dass die Flüchtlinge dadurch Doppelbelastung haben, wenn sie außer der deutschen Sprache zusätzlich Englisch erlernen sollen, um an weiterführende Schulen zu kommen. Die Anerkennung der Muttersprache als vollwertige Fremdsprache wäre gleichzeitig auch ein Schritt in Richtung der Anerkennung ihrer Vielfalt. In Hinblick auf den Globalisierungsprozess, der die Gesellschaften in ein multikulturelles Gebilde verwandelt, sind die Sprachkenntnisse z.B. aus dem arabischen Raum als Potential und nicht als Hindernis zu sehen. Die Anerkennung der Vielfalt ist ein großes Thema in der Gesellschaft und besonders in der Sozialen Arbeit. Dies findet sich in dem Thema Inklusion wieder.

Soziale Arbeit muss sich solidarisch, unter anderem mit Hilfe der Berufsverbände ,für die Belange ihrer AdressatInnen stark machen und Lobbyarbeit leisten um auf die Missstände bei der Umsetzung des Rechtes auf Bildung aufmerksam zu machen. Sie muss sich auf ihre berufliche Ethik berufen und nicht alles so hinnehmen, wie es ist. Wie kann Soziale Arbeit der Mehrheitsgesellschaft sowie der Politik vergegenwärtigen, dass die Flüchtlinge keine Menschen Zweiter Klasse sind, sondern gleichberechtigte Menschen, die in unserem reichen Land Deutschland Schutz suchen. Wie kann Soziale Arbeit zur Anerkennung der Vielfalt der Flüchtlinge aktiv beitragen? Wie kann Soziale Arbeit zum Paradigmenwechsel dazu beitragen?

Literaturverzeichnis

Auernheimer, Georg (2009). Bildung als Medium der Anerkennung- Migration und Bildungsgerechtigkeit. In: In: Karppmann, Lothar; Lob-Hüdepohl; Bohmeyer, Axel; Kurzke-Maasmeier (Hrsg.) (2009). Bildung für junge Flüchtlinge- ein Menschen Recht. Erfahrungen, Grundlagen und Perspektiven. Bielefeld. S. 99-110.

Barth, Sophie (2011). Chancen und Barrieren- Zur Bildungssituation junger Flüchtlinge in Deutschland aus der Sicht der jungen Flüchtlingen. In: Jugendhilfe 49 4\ 2011. S.236- 240.

Bauer, Petra; Brunner, Ewald, Johanes; Morgenstern, Ines; Volkmar, Susanne (2005). Schulsozialarbeit an berufsbildenden Schulen. Das Thüringer Modell. Freiburg im Breisgau.

Bayerischer Flüchtlingsrat; Bundesfachverband Unbegleitete minderjährige Flüchtlinge (2011). Bildung und Arbeit für Flüchtlinge. Reader zum Fachtagung am 01. Dezember 2011. München Deutsche Berufsverband für Soziale Arbeit e.V. In: http://www.dbsh.de/derdbsh.html (01.06.2014).

Behörde für Bildung und Sport, Amt für Berufliche Bildung und Weiterbildung (2002). BILDUNGSPLAN Berufsvorbereitungsschule (BVS) Kurs Berufsvorbereitungsjahr für Migrantinnen und Migranten (BVJ-M). Hamburg

Behrensen, Birgit; Westphal, Manuela (2009). Bildung junger Flüchtlinge als Randthema in der migrationspoltischen Diskussion. In: Karppmann, Lothar; Lob- Hüdepohl; Bohmeyer, Axel; Kurzke- Maasmeier(Hrsg.) (2009). Bildung für junge Flüchtlinge- ein Menschen Recht. Erfahrungen, Grundlagen und Perspektiven. Bielefeld. S.45- 58.

Boos-Nünning, Ursula (2006). Berufliche Bildung von Migrantinnen und Migranten Ein vernachlässigtes Potenzial für Wirtschaft und Gesellschaft. In: Friedrich-EbertStiftung Wirtschafts- und sozialpolitisches Forschungs- und Beratungszentrum Abteilung Arbeit und Sozialpolitik (Hrsg.)(2006). Kompetenzen stärken, Qualifikationen verbessern, Potenziale nutzen. Berufliche Bildung von Jugendlichen und Erwachsenen mit Migrationshintergrund. Dokumentation einer Fachkonferenz der Friedrich-Ebert-Stiftung und des Bundesinstituts für Berufsbildung. Bonn. S. 6- 29.

Budde, Wolfgang; Früchtel, Frank (2011). Sozialraumorientierung. In: Deutscher Verein für öffentliche und private Fürsorge e.V.(2011). Fachlexikon der sozialen Arbeit. Baden Baden. 7 Aufl. S 845- 847.

Bundesagentur für Arbeit. Berufsvorbereitungsjahr. In: http://www.regional.planetberuf.de/details.jsp?roid=168&oid=101100300&tid=9&eid=5087 (19.0.4.2014).

Bundesministerium für Arbeit und Soziales (2013a). Lebenslagen in Deutschland. Armuts- und Reichtumsberichterstattung der Bundesregierung. Der Vierte Armuts- und Reichtumsbericht der Bundesregierung. Bonn

Bundesministerium für Arbeit und Soziales (2013b). Ein Leitfaden zu Arbeitsmarktzugang und- förderung Flüchtlinge. Kundinnen und Kunden der Arbeitsagentur und JobCenter:

Bundesministerium für Arbeit und Soziales (2008). EQUAL Newsletter. Bilanz EQUAL. Bonn

Bundesministerium für Berufsbildung (2009). Informationen und Analyse zur Entwicklung der beruflichen Bildung. Datenreport zum Berufsbildungsbericht. Berufsbildung an den beruflichen Schulen. Bonn

Bundesministerium für Familien, Senioren, Frauen und Jugend (2011). Grundsätze zur Durchführung und Weiterentwicklung des Programms 18 im Kinder- und Jugendplan des Bundes(KJP) „Integration junger Menschen mit Migrationshintergrund"

Bundesamt für Migration und Flüchtlinge (2012). Das Bundesamt in Zahlen 2011. Asyl, Migration, ausländische Bevölkerung und Integration. Nürnberg

Burkhardt- Eggert, Cornelia (2012). Bedürfnisse und die Bedeutung für die Soziale Arbeit. In: Walz, Hans; Teske Irmgard; Martin, Edi (Hrsg.). Menschenrechtsorientiert. Wahrnehmen- beurteilen- handeln. Ein Lese- und Arbeitsbuch für Studierende, Lehrende und Professionelle der Sozialen Arbeit. Lutzern, Opladen. Auf. 2. S. 273- 289.

Cremer, Hendrik (2009 a).Das Recht auf Bildung für Kinder ohne Papiere. Empfehlung zur Umsetzung. Deutsches Institut für Menschenrechte. Berlin

Cremer, Hendrik (2009 b). Das Übereinkommen über die Rechte des Kindes: seine Entstehungsgeschichte, normative Kraft und Bedeutung mit Blick auf Flüchtlingskinder und Bildung. In: Karppmann, Lothar; Lob- Hüdepohl; Bohmeyer, Axel; Kurzke- Maasmeier(Hrsg.)(2009). Bildung für junge Flüchtlinge- ein Menschen Recht. Erfahrungen, Grundlagen und Perspektiven. Bielefeld. S.159168.

Deutsche Rotes Kreuz; Bundesfachverband für Unbegleitete Minderjährige Flüchtlinge (2012). Kindeswohl und Kinderechte für minderjährige Flüchtlinge und Migranten. Berlin, München

Deutscher Verein für öffentliche und private Fürsorge e.V.(2011). Fachlexikon der sozialen Arbeit. Baden- Baden. 7 Aufl.

Diakonie. Bleiberecht. In: http://www.diakonie.de/bleiberecht-auf-einenblick12516.html (26.04.2014).

Die Beauftragte der Bundesregierung für Migration, Flüchtlinge und Integration (2013). Integrationsvereinbarungen einsetzen. Handlungsleitfaden zur praktischen Umsetzung vor Ort für Beratungsdienste. Berlin

EinwandererNet (2014). Zugang zu Arbeit mit Aufenthaltsgestattung,Stand: 1. Februar 2014. In: http://www.einwanderer.net/fileadmin/downloads/tabellen_und_uebersichten/tabell e-duldung-neu.pdf (25.04.2014).

Ekmescic, Goran (2011). Inklusion statt Exklusion!- Zur Bildungsproblematik unbegleitete und begleitete minderjährige Flüchtlinge in Deutschland. In: Jugendhilfe 49 1\2011. S. 21- 22.

Flick, Uwe; von Kerdorff, Ernst; Steinecke, Ines(Hrsg.)(2007). Qualitative Forschung. Ein Handbuch. Reinbek. S. 319- 331.

Freistaat Thüringen (2013)Thüringer Schulgesetz. In: https://www.thueringen.de/de/publikationen/pic/pubdownload1230.pdf (19.04.14)

Friedrich-Ebert-Stiftung Wirtschafts- und sozialpolitisches Forschungs- und Beratungszentrum Abteilung Arbeit und Sozialpolitik (Hrsg.) (2006). Kompetenzen stärken, Qualifikationen verbessern, Potenziale nutzen. Berufliche Bildung von Jugendlichen und Erwachsenen mit Migrationshintergrund. Dokumentation einer Fachkonferenz der Friedrich-Ebert-Stiftung und des Bundesinstituts für Berufsbildung. Bonn

Fritsche, K. Peter (2009). Menschenrechtsbildung als ein Schlüssel zur Verwirklichung der Menschenrechte- auch im Flüchtlingsschutz. In: Karppmann, Lothar; Lob- Hüdepohl; Bohmeyer, Axel; Kurzke- Maasmeier (Hrsg.) (2009). Bildung für junge Flüchtlinge- ein Menschen Recht. Erfahrungen, Grundlagen und Perspektiven. Bielefeld. S. 145- 159.

Gabler Wirtschaftslexikon. Berufsvorbereitungsjahr. In: http://wirtschaftslexikon.gabler.de/Definition/berufsvorbereitungsjahrbvj.html#erklaerung (19.04.2014).

Gesetze für die Sozialen Arbeit (2011) Textsammlung 2011\12. Baden-Baden.

Golla, Mona (2013). Das Recht auf Bildung für junge Flüchtlinge. In: Forum Erziehungshilfen 19. Jahrgang 2013, Heft 5. S.273-278

Götze, Christiane; Plaß Anne (2012). Im Fokus: Junge Flüchtlinge im Übergang von der Schule in den Beruf. Aus der Praxis des Thüringer Netzwerkes „to arrange- pro job". Ein Denkanstoß. Erfurt. S. 7-12.

Handelskammer Erfurt Berufsvorbereitungsjahr. In: http://www.handwerkskammererfurt.de (19.04.14).

Hilde von Balluseck (Hrsg.)(2010). Minderjährige Flüchtlinge. Sozialisationsbedingungen, Akkulturationsstrategien, Unterstützungssysteme. Opladen.

Institut für Berufsbildung und Sozialmanagement (2012a). Junge Flüchtlinge im Übergang von der Schule in den Beruf. Aus der Praxis des Thüringer Netzwerkes „to arrange- pro job". Ein Denkanstoß. Erfurt

Institut für Berufsausbildung und Sozialmanagement . Projekte „to arrange – pro job" Initiativ Flüchtlinge in Arbeit. In: http://www.ibsthueringen.de/index.php?id=2911 (13.04.2014).

Institut für Berufsbildung und Sozialmanagement (IBS) GmbH (2012b). Anerkennung ausländischer Bildungsabschlüsse in Thüringen. Eine Handreichung. Erfurt

Institut für Berufsbildung und Sozialmangement (2013). Wie bekomme ich eine Arbeitserlaubnis? Die Voraussetzung und das Verfahren.

Internationaler Bund (2012). Pädagogische Ziele\ Kennzahlen im Jugendmigrationsdienst. In: Qualitätshandbuch Internationaler Bund. Prozess 5.8.1

Jugendmigrationsdienst. Rahmenkonzepte. Einzelfallbegleitung und Gruppenarbeit. In: http://www.jugendmigrationsdienste.de/_template.php?1=1& action=about&task=d etail&mid=220&artid=486 (01.04.2014).

Kaufmann, Heiko (2012). Ein Jahr nach der Rücknahme der Vorbehalte. Jetzt erst Recht(e)! Für Flüchtlingskinder! In: Deutsche Rotes Kreuz; Bundesfachverband für Unbegleitete Minderjährige Flüchtlinge(2012). Kindeswohl und Kinderechte für minderjährige Flüchtlinge und Migranten. Berlin, München S. 8- 1.

Kemnitz, Juliane (2012). Auf einen Blick: Jugendliche Flüchtlinge in Thüringen. In: Institut für Berufsbildung und Sozialmanagement (IBS) GmbH. Koordination des Netzwerkes „to arrange- pro job" (2012). Erfurt

Kimmelmann, Nicole (Hrsg.)(2009). Berufliche Bildung in der Einwanderungsgesellschaft. Diversity als Herausforderung. für Organisationen, Lehrkräfte
und Ausbildende. Aachen. 2. Aufl.

Kimmelmann, Nicole (2009). Diversity als Thema der beruflichen Bildung. In:
Kimmelmann, Nicole (Hrsg.)(2009). Berufliche Bildung in der Einwanderungsgesellschaft. Diversity als Herausforderung. für Organisationen, Lehrkräfte und Ausbildende. Aachen. 2. Auf. S. 7- 17.

Kleve, Heiko (2008). Case Management. Eine methodische Perspektive zwischen Lebensweltorientierung und Ökonomisierung Soziale Arbeit. In:
Kleve, Heiko; Haye, Britta; Hampe- Grosser, Andreas; Müller, Mathias
(2008). Systemisches Case Management. Falleinschätzung und Hilfeplanung in der Sozialen Arbeit. Heideberg. 2 Aufl.

Kleve, Heiko; Haye, Britta; Hampe- Grosser, Andreas; Müller, Mathias (2008).
Systemisches Case Management. Falleinschätzung und Hilfeplanung in der
Sozialen Arbeit. Heideberg. 2 Aufl.

Karppmann, Lothar; Lob- Hüdepohl; Bohmeyer, Axel; Kurzke-Maas-
meier(Hrsg.)(2009). Bildung für junge Flüchtlinge- ein Menschen Recht.
Erfahrungen, Grundlagen und Perspektiven. Bielefeld.

Krappmann, Lothar (2013). Gleiche Rechte auch für Flüchtlingskinder. In:
Frühere Kindheit Jahrgang 06\13. S.

Kunze, Bernd Axel (2013). Das Recht auf Bildung. Anforderung an rechtliche
und politische Implementierung. Münster

Laubach, Hermann (2011). Jugendmigrationsdienst (JMD). In: Deutscher Verein
für öffentliche und private Fürsorge e.V.(2011). Fachlexikon der sozialen
Arbeit. Baden- Baden. 7 Aufl.

Niehoff, Urlich (2011). Inklusion. In: Deutscher Verein für öffentliche und private Fürsorge e.V.(2011). Fachlexikon der sozialen Arbeit. Baden- Baden.
7 Aufl. S. 447- 448.

Peter, Erich (2003). Die Rechtstellung der Flüchtlingskinder in Deutschland. In:
Hilde von Balluseck(Hrsg.)(2010). Minderjährige Flüchtlinge.

Sozialisationsbedingungen, Akkulturationsstrategien, Unterstützungssysteme.
Opladen. S. 33-75

Pro Asyl. Duldung. In: http://www.proasyl.de/de/themen/basics/glossar/#c217
(26.04.2014)

Quenzel, Gudrun; Hurerelmann, Klaus (Hrsg.)(2010). Bildungsverlierer. Neue Ungleichheiten. Wiesbaden

Ramirez- Rodriguez, Rocio; Dohmen, Dieter (2010). Ethnisierung von geringer Bildung. In: Quenzel, Gudrun; Hurerelmann, Klaus(Hrsg.)(2010). Bildungsverlierer. Neue Ungleichheiten. Wiesbaden. S 290- 312.

Ringel, Jutta; Hilde von Balluseck (2003). Die Schule. In: Hilde von Balluseck (Hrsg) (2010). Minderjährige Flüchtlinge. Sozialisationsbedingungen, Akkulturationsstrategien, Unterstützungssysteme. Opladen. S: 176-182.

Schultze, Günther; Degen, Ulrich (2006). In: Friedrich-Ebert-Stiftung Wirtschafts- und sozialpolitisches Forschungs- und Beratungszentrum Abteilung Arbeit und Sozialpolitik (Hrsg.)(2006). Kompetenzen stärken, Qualifikationen verbessern, Potenziale nutzen. Berufliche Bildung von Jugendlichen und Erwachsenen mit Migrationshintergrund. Dokumentation einer Fachkonferenz der Friedrich-EbertStiftung und des Bundesinstituts für Berufsbildung. Bonn. S 5

Schwarz, Urike (2011). Zuwanderungsgesetz. In: Deutscher Verein für öffentliche und private Fürsorge e.V.(2011). Fachlexikon der sozialen Arbeit. Baden- Baden. 7 Aufl. S. 1004

Sozial Pakt. Internationaler Pakt über wirtschaftliche, soziale und kulturelle Rechte. In: http://www.sozialpakt.info/bildung-3275/ (18.04.2014).

Statistische Ämter des Bundes und der Länder (2012). Ausländische Bevölkerung. In: http://www.statistik-portal.de/Statistik-Portal/de_jb01_jahrtab2.asp (30.03.2014)

Strehle, Susanne (2012). Ankommen: Integration ins (Arbeits-)Leben. Das ESF-Bundesprogramm Bleiberecht stellt sich vor. In: Institut für Berufsbildung und Sozialmanagement (IBS) GmbH. Koordination des Netzwerkes „to arrange- pro job" (2012). Erfurt

Studnitz, Stefanie (2011). Ausgrenzung statt Ausbildung. Die Situation junger Flüchtlinge im deutschen Bildungssystem. In: Bayerischer Flüchtlingsrat; Bundesfachverband Unbegleitete minderjährige Flüchtlinge(2011). Bildung und Arbeit für Flüchtlinge. Reader zum Fachtagung am 01. Dezember 2011. München. S. 7- 15

Thüringer Landesamt für Statistik (2012). Empfänger von Regelleistungen nach dem Asylbewerberleistungsgesetz am 31.12.12 nach Altersgruppen, Staatsangehörigkeit und Kreisen.

Thüringer Ministerium für Bildung, Wissenschaft und Kultur (2013). Schulische und sprachliche Integration von Schülerinnen und Schülern nichtdeutscher Herkunftssprache in Thüringen I. Kleine Anfrage der Abgeordneten Kanis (SPD). Drucksache 5\ 6051. In: http://ljrt.de/downloads/Landtag/Schule/5_6051sprachliche-Integration-Schule.pdf (30.03.2014)

Thüringer Ministerium für Wirtschaft, Arbeit und Technologie (2013). Zur Situation von Menschen mit Migrationshintergrund auf dem Thüringer Arbeitsmarkt. Kleine Anfrage der Abgeordneten Lukefeld (die Linke). Drucksache 5\6463

Treber, Monika (2009). Die Ressource Bildung in der Sozialen Arbeit mit jungen Flüchtlingen. In: Karppmann, Lothar; Lob- Hüdepohl; Bohmeyer, Axel; Kurzke- Maasmeier(Hrsg.)(2009). Bildung für junge Flüchtlinge- ein Menschen Recht. Erfahrungen, Grundlagen und Perspektiven. Bielefeld. S. 71- 82. UN- Kinderrechtkonvention Übereinkommen über Rechte des Kindes. In: http://www.kinderrechtskonvention.info/recht-auf-bildung-recht-auf-schule-3620/ (18.04.14).

UN- Kinderrechtkonvention (1989). In: Gesetze für die Sozialen Arbeit (2011) Textsammlung 2011\12. Baden Baden. S. 2312- 2326.

UN Sozialpakt. Bildung. In: http://www.sozialpakt.info/bildung-3275/ (11.04.2014)

Walter Groupius Schule. Berufsvorbereitungsjahr. Inhttp://www2.walter-gropiusschule.de/cms/index.php?id=36 (19.04.14).

Weiss, Karin (2009). Lebenslagen von jungen Flüchtlingen in Deutschland. In: Karppmann, Lothar; Lob- Hüdepohl; Bohmeyer, Axel; Kurzke-Maasmeier(Hrsg.)(2009). Bildung für junge Flüchtlinge- ein Menschen Recht. Erfahrungen, Grundlagen und Perspektiven. Bielefeld. S. 51- 70.

Wilpert, Czarina (2009). Diversity und „Managing Diversity" Sensibilisierung für Vielfalt und ihre Gestaltung. „Ausbildung von Multiplikator/innen – Berufsschule als Gesamtheit" In:

Welti, Felix (2011). Menschenrechte. In: Deutscher Verein für öffentliche und private Fürsorge e.V.(2011). Fachlexikon der sozialen Arbeit. Baden- Baden. 7 Aufl. Kimmelmann, Nicole (Hrsg.)(2009). Berufliche Bildung in der Einwanderungsgesellschaft. Diversity als Herausforderung. für Organisationen, Lehrkräfte und Ausbildende. Aachen. 2. Auf. S. 168- 182.